GRöLS Verlage

„BÜCHER SIND WIE FALLSCHIRME. SIE NÜTZEN UNS NICHTS, WENN WIR SIE NICHT ÖFFNEN.“

Gröls Verlag

Redaktionelle Hinweise und Impressum

Das vorliegende Werk wurde zugunsten der Authentizität sehr zurückhaltend bearbeitet. So wurden etwa ursprüngliche Rechtschreibfehler *nicht* systematisch behoben, denn kleine Unvollkommenheiten machen das Buch – wie im Übrigen den Menschen – erst authentisch. Mitunter wurden jedoch zum Beispiel Absätze behutsam neu getrennt, um den Lesefluss zu erleichtern.

Um die Texte zu rekonstruieren, werden antiquarische Bücher von Lesegeräten gescannt und dann durch eine Software lesbar gemacht. Der so entstandene Text wird von Menschen gegengelesen und korrigiert – hierbei treten auch Fehler auf. Wenn Sie ebenfalls antiquarische Texte einreichen möchten, finden Sie weitere Informationen auf www.groels.de

Viel Freude bei der Lektüre wünscht Ihnen das Team des Gröls-Verlags.

Adressen

Verleger: Sophia Gröls, Im Borngrund 26, 61440 Oberursel

Externer Dienstleister für Distribution & Herstellung: BoD, In de Tarpen 42, 22848 Norderstedt

Unsere „Edition | Werke der Weltliteratur“ hat den Anspruch, eine der größten und vollständigsten Sammlungen klassischer Literatur in deutscher Sprache zu sein. Nach und nach versammeln wir hier nicht nur die „üblichen Verdächtigen“ von Goethe bis Schiller, sondern auch Kleinode der vergangenen Jahrhunderte, die – zu Unrecht – drohen, in Vergessenheit zu geraten. Wir kultivieren und kuratieren damit einen der wertvollsten Bereiche der abendländischen Kultur. Kleine Auswahl:

Francis Bacon • Neues Organon • **Balzac** • Glanz und Elend der Kurtisanen • **Joachim H. Campe** • Robinson der Jüngere • **Dante Alighieri** • Die Göttliche Komödie • **Daniel Defoe** • Robinson Crusoe • **Charles Dickens** • Oliver Twist • **Denis Diderot** • Jacques der Fatalist • **Fjodor Dostojewski** • Schuld und Sühne • **Arthur Conan Doyle** • Der Hund von Baskerville • **Marie von Ebner-Eschenbach** • Das Gemeindekind • **Elisabeth von Österreich** • Das Poetische Tagebuch • **Friedrich Engels** • Die Lage der arbeitenden Klasse • **Ludwig Feuerbach** • Das Wesen des Christentums • **Johann G. Fichte** • Reden an die deutsche Nation • **Fitzgerald** • Zärtlich ist die Nacht • **Flaubert** • Madame Bovary • **Gorch Fock** • Seefahrt ist not! • **Theodor Fontane** • Effi Briest • **Robert Musil** • Über die Dummheit • **Edgar Wallace** • Der Frosch mit der Maske • **Jakob Wassermann** • Der Fall Maurizius • **Oscar Wilde** • Das Bildnis des Dorian Grey • **Émile Zola** • Germinal • **Stefan Zweig** • Schachnovelle • **Hugo von Hofmannsthal** • Der Tor und der Tod • **Anton Tschechow** • Ein Heiratsantrag • **Arthur Schnitzler** • Reigen • **Friedrich Schiller** • Kabale und Liebe • **Nicolo Machiavelli** • Der Fürst • **Gotthold E. Lessing** • Nathan der Weise • **Augustinus** • Die Bekenntnisse des heiligen Augustinus • **Marcus Aurelius** • Selbstbetrachtungen • **Charles Baudelaire** • Die Blumen des Bösen • **Harriett Stowe** • Onkel Toms Hütte • **Walter Benjamin** • Deutsche Menschen • **Hugo Bettauer** • Die Stadt ohne Juden • **Lewis Caroll** • *und viele mehr….*

Ludwig Tieck
Des Lebens Überfluss

In einem der härtesten Winter war gegen Ende des Februar ein sonderbarer Tumult gewesen, über dessen Entstehung, Fortgang und Beruhigung die seltsamsten und widersprechendsten Gerüchte in der Residenz umliefen. Es ist natürlich, dass, wenn alle Menschen sprechen und erzählen wollen, ohne den Gegenstand ihrer Darstellung zu kennen, auch das Gewöhnliche die Farbe der Fabel annimmt.

In der Vorstadt, die ziemlich bevölkert ist hatte sich in einer der engsten Straßen das Abenteuer zugetragen. Bald hieß es, ein Verräter und Rebell sei entdeckt und von der Polizei aufgehoben worden, bald, ein Gottesleugner, der mit andern Atheisten verbrüdert das Christentum mit seiner Wurzel ausrotten wollen, habe sich nach hartnäckigem Widerstand den Behörden ergeben und sitze nun so lange fest, bis er in der Einsamkeit bessere Grundsätze und Überzeugungen finde. Er habe sich aber vorher noch in seiner Wohnung mit alten Doppelhaken, ja sogar mit einer Kanone verteidigt, und es sei, bevor er sich ergeben, Blut geflossen, so dass das Konsistorium wie das Kriminalgericht wohl auf seine Hinrichtung antragen werde. Ein politischer Schuhmacher wollte wissen, der Verhaftete sei ein Emissär, der als das Haupt vieler geheimen Gesellschaften mit allen Revolutionsmännern Europas in innigster Verbindung stehe; er habe alle Fäden in Paris, London und Spanien wie in den östlichen Provinzen gelenkt, und es sei nahe daran, dass im äußersten Indien eine ungeheure Empörung ausbrechen und sich dann gleich Cholera nach Europa herüberwälzen werde, um allen Brennstoff in lichte Flammen zu setzen.

So viel war ausgemacht, in einem kleinen Hause hatte es Tumult gegeben, die Polizei war herbeigerufen worden, das Volk hatte gelärmt, angesehene Männer wurden bemerkt, die sich darein mischten, und nach einiger zeit war alles wieder ruhig, ohne dass man den Zusammenhang begriff. Im Hause selbst war eine gewisse Zerstörung nicht zu verkennen. Jeder legte sich die Sache aus, wie Laune oder Phantasie sie ihm erklären mochten. Die Zimmerleute und Tischler besserten nachher den Schaden aus.

Ein Mann hatte in diesem Hause gewohnt, den niemand in der Nachbarschaft kannte. War er ein Gelehrter? ein Politiker? ein Einheimischer? ein Fremder? Darüber wusste keiner, selbst der Klügste nicht, einen genügenden Bescheid zu geben.

Soviel ist gewiss, dieser unbekannte Mann lebte sehr still und eingezogen, man sah ihn auf keinem Spaziergange, an keinem öffentlichen Orte. Er war noch nicht alt, wohlgebildet, und seine junge Frau, die sich mit ihm dieser Einsamkeit ergeben hatte, durfte man eine Schönheit nennen.

Um Weihnachten war es, als dieser jugendliche Mann in seinem Stübchen, dicht am Ofen sitzend, also zu seiner Frau redete: „Du weißt, liebste Klara, wie sehr ich den Siebenkäs unsers Jean Paul liebe und verehre; wie dieser sein Humorist sich aber helfen würde, wenn er in unsrer Lage wäre, bleibt mir doch ein Rätsel. Nicht wahr, Liebchen, jetzt sind, so scheint es, alle Mittel erschöpft?"

„Gewiss, Heinrich", antwortete sie lächelnd und zugleich seufzend; „wenn du aber froh und heiter bleibst, liebster aller Menschen, so kann ich mich in deiner Nähe nicht unglücklich fühlen."

„Unglück und Glück sind nur leere Worte", antwortete Heinrich; „als du mir aus dem Hause deiner Eltern folgtest, als du so großmütig um meinetwillen alle Rücksichten fahren ließest: da war unser Schicksal auf unsre Lebenszeit bestimmt. Lieben und leben hieß nun unsre Losung; wie wir leben würden, durfte uns ganz gleichgültig sein. Und so möchte ich noch jetzt aus starkem Herzen fragen: Wer in ganz Europa ist wohl so glücklich, als ich mich mit vollem Recht aus der ganzen Kraft meines Gefühles nennen darf?"

„Wir entbehren fast alles", sagte sie, „nur uns selbst nicht, und ich wusste ja, als ich den Bund mit dir schloss, dass du nicht reich warst; dir war es nicht unbekannt, dass ich aus meinem väterlichen Hause nichts mit mir nehmen konnte. So ist die Armut mit unsrer Liebe eins geworden, und dieses Stübchen, unser Gespräch, unser Anblicken und Schauen in des Geliebten Auge ist unser Leben."

„Richtig!" rief Heinrich aus und sprang auf in seiner Freude, um die Schöne lebhaft zu umarmen; „wie gestört, ewig getrennt, einsam und zerstreut wären wir nun in jenem Schwarm der vornehmen Zirkel, wenn alles in seiner Ordnung vor sich gegangen wäre. Welch Blicken, Sprechen, Handgeben, Denken dort! Man könnte sich Tiere oder selbst Marionetten so abrichten und eindrechseln, dass sie eben die Komplimente machten und solche Redensarten von sich gäben. So sind wir, mein Schatz, wie Adam und Eva hier in unserm Paradiese, und kein Engel kommt auf den ganz überflüssigen Einfall, uns daraus zu vertreiben."

„Nur", sagte sie etwas kleinlaut, „fängt das Holz an, ganz einzugehen, und dieser Winter ist der härteste, den ich bis jetzt noch erlebt habe."

Heinrich lachte. „Sieh", rief er, „ich muss aus purer Bosheit lachen, aber es ist darum noch nicht das Lachen der Verzweiflung, sondern einer gewissen Verlegenheit, da ich durchaus nicht weiß, wo ich Geld hernehmen könnte. Aber finden müssen sich die Mittel; denn es ist undenkbar, dass wir erfrieren sollten, bei so heißer Liebe, bei so warmem Blut! Pur unmöglich!"

Sie lachte ihn freundlich an und erwiderte: „Wenn ich nur so wie Lenette Kleider zum Verkaufe mitgebracht, oder überflüssige

Messingkannen und Mörser oder kupferne Kessel in unsrer kleinen Wirtschaft umherständen, so wäre leicht Rat zu finden."

„Jawohl", sprach er mit übermütigem Ton, „wenn wir Millionärs wären, wie jener Siebenkäs, dann wäre es keine Kunst, Holz anzuschaffen und selbst bessere Nahrung."

Sie sah im Ofen nach, in welchem Brot in Wasser kochte, um so das kärglichste Mittagsmahl herzustellen, welches dann mit einem Nachtisch von weniger Butter beschlossen werden sollte. „Während du", sagte Heinrich, „die Aufsicht über unsre Küche führst und dem Koch die nötigen Befehle erteilst, werde ich mich zu meinen Studien niedersetzen. Wie gern schriebe ich wieder, wenn mir nicht Tinte, Papier und Feder völlig ausgegangen wären; ich möchte auch wieder einmal etwas lesen, was es auch sei, wenn ich nur noch ein Buch hätte."

„Du musst denken, Liebster“, sagte Klara und sah schalkhaft zu ihm hinüber; „die Gedanken sind dir hoffentlich noch nicht ausgegangen.“

„Liebste Ehefrau“, erwiderte er, „unsre Wirtschaft ist so weitläuftig und groß, dass sie wohl deine ganze Aufmerksamkeit in Anspruch nimmt; zerstreue dich ja nicht, damit nicht unsre ökonomischen Verhältnisse in Verwirrung geraten. Und da ich mich jetzt in meine Bibliothek begebe, so lass mich vor jetzt in Ruhe; denn ich muss meine Kenntnisse erweitern und meinem Geiste Nahrung gönnen.“

„Er ist einzig!“ sagte die Frau zu sich selber und lachte fröhlich; „und wie schön er ist!“

„So lese ich denn wieder in meinem Tagebuche“, sprach Heinrich, „das ich ehemals anlegte, und es interessiert mich, rückwärts zu studieren, mit dem Ende anzufangen und mich so nach und nach zu dem Anfange vorzubereiten, damit ich diesen um so besser verstehe.

Immer muss alles echte Wissen, alles Kunstwerk und gründliche Denken in einen Kreis zusammenschlagen und Anfang und Ende innigst vereinigen, wie die Schlange, die sich in den Schwanz beißt – ein Sinnbild der Ewigkeit, wie andre sagen; ein Symbol des Verstandes und alles Richtigen, wie ich behaupte."

Er las auf der letzten Seite, aber nur halblaut: „Man hat ein Märchen, dass ein wütender Verbrecher, zum Hungertode verdammt, sich selber nach und nach aufspeiset; im Grunde ist das nur die Fabel des Lebens und eines jeden Menschen. Dort blieb am Ende nur der Magen und das Gebiss übrig, bei uns bleibt die Seele, wie sie das Unbegreifliche nennen. Ich aber habe mich abgestreift und abgelebt. Es war beinah lächerlich, dass ich noch einen Frack nebst Zubehör besaß, da ich niemals ausgehe. Am Geburtstage meiner Frau werde ich in Weste und Hemdärmeln vor ihr erscheinen, da es doch unschicklich wäre, bei hoffähigen Leuten in einem ziemlich abgetragenen Überrock Cour zu machen."

„Hier geht die Seite und das Buch zu Ende“, sagte Heinrich. „Alle Welt sieht ein, dass unsre Fracks eine dumme und geschmacklose Kleidung sind, alle schelten diese Uniform, aber keiner macht, so wie ich, Ernst damit, den Plunder ganz abzuschaffen. Ich erfahre nun nicht einmal aus den Zeitungen, ob andere Denkende meinem kühnen Beispiele und Vorgange folgen werden.“

Er schlug um und las die vorige Seite: „Man kann auch ohne Servietten leben. Wenn ich bedenke, wie unsre Lebensweise immer mehr und mehr in Surrogat, Stellvertretung und Lückenbüßerei übergegangen ist, so bekomme ich einen rechten Hass auf unser geiziges und knickerndes Jahrhundert und fasse, da ich es ja haben kann, den Entschluss, in der Weise unsrer viel freigebigern Altvordern zu leben. Diese elenden Servietten sind ja, was selbst die heutigen Engländer noch wissen und verachten, offenbar nur erfunden, um das Tischtuch zu schonen. Ist es also Großmut, das Tischtuch nicht zu achten, so gehe ich darin noch weiter, das

Tafeltuch zusamt den Servietten für überflüssig zu erklären. Beides wird verkauft, um vom saubern Tische selbst zu essen, nach Weise er Patriarchen, nach Art der – nun? welcher Völker? Gleichviel! Essen doch viele Menschen selbst ohne Tisch. Und, wie gesagt, ich treibe dergleichen nicht aus zynischer Sparsamkeit, nach Art des Diogenes, aus dem Hause, sondern im Gegenteil im Gefühl meines Wohlstandes, um nur nicht, wie die jetzige Zeit, aus törichtem Sparen zum Verschwender zu werden."

„Du hast es getroffen", sagte die Gattin lächeln; „aber damals lebten wir von dem Erlös dieser überflüssigen Sachen doch noch verschwenderisch. Oft sogar hatten wir zwei Schüsseln."

Jetzt setzten sich die beiden Gatten zum dürftigsten Mahle nieder. Wer sie gesehen, hätte sie für beneidenswerte halten müssen, so fröhlich, ja ausgelassen waren sie an der einfachen Tafel. Als die Brotsuppe verzehrt war holte Klara mit schalkhafter Miene einen verdeckten Teller aus dem Ofen und setzte dem überraschten Gatten noch einige Kartoffeln vor. „Sieh!“ rief dieser, „das heißt einem, wenn man sich an den vielen Büchern satt studiert hat, eine heimliche Freude machen! Dieser gute Erdapfel hat mit zu der großen Umwälzung von Europa beigetragen. Der Held Walter Raleigh soll leben!“ – Sie stießen mit den Wassergläsern an, und Heinrich sah nach, ob der Enthusiasmus auch nicht einen Riss im Glase verursacht habe. „Um diese ungeheure Künstlichkeit“, sagte er dann, „um diese Einrichtung mit unsern alltäglichen Gläsern würden uns die reichsten Fürsten des Altertums beneidet haben. Es muss langweilig sein, aus einem goldenen Pokal zu trinken, vollends so schönes, klares, gesundes Wasser. Aber in unsern Gläsern schwebt die erfrischende Welle so heiter durchsichtig, so eins mit dem Becher, dass man wirklich versucht wird, zu glauben, man genieße den flüssig gewordenen Äther selbst. – Unsre Mahlzeit ist geschlossen; umarmen wir uns.“

„Wir können auch zur Abwechslung“, sagte sie, „unsre Stühle an das Fenster rücken.“

„Platz genug haben wir ja“, sagte der Mann, „eine wahre Rennbahn, wenn ich an die Käfige denke, die der elfte Ludwig für seine Verdächtigen bauen ließ. Es ist unglaublich, wie viel Glück schon darin liegt, dass man Arm und Fuß nach Gutdünken erheben kann. Zwar sind wir immer noch, wenn ich an die Wünsche denke, die unser Geist in manchen Stunden fasst, angekettet: Die Psyche ist in die Leimrute, die uns klebend hält, und von der wir nicht losflattern können, weiß der Himmel wie, hineingesprungen, und wir und Rute sind nun so eins, dass wir zuweilen das Gefängnis für unser besseres Selbst halten.“

„Nicht so tiefsinnig“, sagte Klara und fasste seine schön geformte Hand mit ihren zarten und schlanken Fingern; „sieh lieber, mit wie sonderbaren Eisblumen der Frost unsre Fenster ausgeschmückt hat.

Meine Tante wollte immer behaupten, durch diese mit dickem Eis überzogenen Gläser werde das Zimmer wärmer, als wenn die Scheiben fei wären."

„Es ist nicht unmöglich", sagte Heinrich; „doch möchte ich auf diesen Glauben hin das Heizen nicht unterlassen. Am Ende könnten die Fenster von Eisschollen so dick werden, dass sie uns die Stube verengten, und so wüchse uns um die Haut her jener berühmte Eispalast in Petersburg. Wir wollen aber lieber bürgerlich und nicht wie die Fürsten leben."

„Wie wunderbar", rief Klara, „sind doch diese Blumen gezeichnet, wie mannigfaltig" Man glaubt sie alle schon in der Wirklichkeit gesehen zu haben, so wenig man sie auch namhaft zu machen weiß. Und sieh nur, die eine verdeckt oft die andere, und die großartigen Blätter scheinen noch nachzuwachsen, indem wir darüber sprechen."

„Ob wohl“, fragte Heinrich, „die Botaniker schon diese Flora beobachtet, abgezeichnet und in ihre gelehrten Bücher übertragen haben? Ob diese Blumen und Blätter nach gewissen Regeln wiederkehren oder sich phantastisch immer neu verwandeln? Dein Hauch, dein süßer Atem hat diese Blumengeister oder Revenants einer erloschenen Vorzeit hervorgerufen, und so wie du süß und lieblich denkst und phantasierst, so zeichnet ein humoristischer Genius deine Einfälle und Fühlungen hier in Blumenphantomen und Gespenstern wie mit Leichenschrift in einem vergänglichen Stammbuche auf, und ich lese hier, wie du mir treu und ergeben bist, wie du an mich denkst, obgleich ich neben dir sitze.“

„Sehr galant! mein verehrter Herr“, versetzte sie sehr freundlich; „Sie könnten in der Weise diese Eisblumen lehr- und sinnreich erklären, wie wir zu Umrissen der Shakespeareschen Stücke zu gelehrte und elegante Erläuterungen besitzen.“

„Still, mein Herz!“ erwiderte der Gatte, kommen wir nicht in jene Gegend und nenne mich auch nicht einmal im Scherze Sie. – Ich werde mein Tagebuch jetzt nach unserem Festmahl noch etwas rückwärts studieren. Diese Monologe belehren mich schon jetzt über mich selbst, wie viel mehr müssen sie es künftig in meinem Alter tun. Kann ein Tagebuch etwas andres als Monologe enthalten? Doch, ein recht großer Künstlergeist könnte ein solches dialogisch denken und schreiben. Wir vernehmen aber nur gar zu selten diese zweite Stimme in uns selbst. Natürlich! Gibt es unter Tausenden doch kam einen, der in der Wirklichkeit den Verständigen und dessen Antworten vernimmt, wenn sie anders lauten, als der Sprechende sich die seinigen und seine Fragen angewöhnt hat.“

„Sehr wahr“, bemerkte Klara, „und darum ist in ihrer höchsten Weihe die Ehe erfunden. Das Weib hat in ihrer Liebe immer jene zweite, antwortende Stimme oder den richtigen Gegenruf des Geistes. Und glaube mir, was ihr so oft in euerm männlichen

Übermut unsre Dummheit oder Kurzsichtigkeit benennt oder Mangel an Philosophie, Unfähigkeit, in die Wirklichkeit einzudringen, und dergleichen Phrasen mehr, das ist, wie oft, der echte Geisterdialog, die Ergänzung oder der harmonische Einklang in euer Seelengeheimnis. Aber freilich, die meisten Männer erfreuen sich nur eines nachhallenden Echos und nennen das Naturlaut, Seelenklang, was nur nachbetender oder nachbuchstabierte Schall unverstandener Floskeln ist. Oft ist das sogar ihr Ideal der Weiblichkeit, in welches sie sich sterblich verlieben."

„Engel! Himmel" rief in Begeisterung der junge Gatte; „ja, wir verstehen uns; unsere Liebe ist die wahre Ehe, und du erhellst und ergänzest die Gegend in mir, wo sich der Mangel oder die Dunkelheit kundtut. Wenn es Orakel gibt, so darf es auch an Sinn und Gehör nicht fehlen, sie zu vernehmen und zu deuten."

Eine lange Umarmung endigte und erläuterte dieses Gespräch. „Der Kuss“, sagte Heinrich, „ist auch ein solches Orakel. Sollte es wohl schon Menschen gegeben haben, die sich bei einem recht innigen Kusse etwas Verständiges haben denken können?“

Klara lachte laut, ward dann plötzlich ernsthaft und sagte etwas kleinlaut, ja selbst im Tone des Mitleids: „Ja, ja, so verfahren wir mit Domestiken und Haushältern, Reitknechten und Stallmeistern, denen wir doch oft so viel zu verdanken haben. Sind wir in geistiger oder gar in übermütiger Aufregung, so verachten und verlachen wir sie. Mein Vater sprang einmal mit seinem schwarzen Hengst über einen breiten Graben, und als alle Welt ihn bewunderte und die Damen in die Hände klatschten, stand ein alter Stallmeister in der Nähe, und nur er schüttelte bedenklich mit dem Kopfe. Der Mann war steif und linkisch, mit seinem langen Zopfe und der roten Nase komisch anzuschauen. „Nun, Ihr?“ fuhr ihn mein heftiger Vater an; „gibt's wieder zu hofmeistern?“ Der steilrechte Mann ließ sich aber nicht aus der Fassung bringen und sagte ruhig: „Erstlich haben Exzellenz dem Pferde den Zügel nicht genug nachgelassen, weil Sie ängstlich waren; Sie konnten stürzen, denn der Sprung war nicht frei und weit genug; zweitens hat das Ross wenigstens ebensoviel Verdienst dabei als Sie, und wenn ich drittens nicht stunden- und tagelang das Tier geübt und verständig gemacht hätte, was nur geschehen kann, wenn man Langeweile nicht fürchtet und die Geduld übt, so hätten weder Ihr freier Mut noch der gute Wille des Hengstes etwas gefruchtet." – „Ihr habt recht, alter Mensch", sagte mein Vater und ließ ihm ein großes Geschenk verabreichen. – So wir. Wir dürfen nur phantasieren, uns dem Gefühl und der Ahndung überlassen, träumen und witzig sein, wenn jener trockne Verstand die Schule allen diesen Rossen beigebracht hat. Will Reiter oder Pferd, wenn sie nur Dilettanten geblieben sind, den kühnen Sprung versuchen, so werden sie zum Grauen oder Gelächter der Zuschauer stürzen und im Graben liegen bleiben."

„Wahr“, bemerkte Heinrich, „die Geschichte unsrer Tage bestätigt das in so manchem Schwärmer oder auch Poeten. Es gibt jetzt Dichter, die sogar von der falschen Seite aufsteigen und doch ganz arglos jenen künstlichen Sprung versuchen wollen. O dein Vater!“

Klara sah ihn mit mitleidvollen Augen an, deren Blick er nicht zu widerstehen mochte. „Jawohl Vater“, sagte er halb verdrossen, „mit dem einzigen Laut ist sehr viel gesagt. Und was will ich denn auch? Du warst ja doch imstande, ihn aufzugeben, so sehr du ihn liebtest.“

Beide waren ernsthaft geworden. „Ich will weiterstudieren“, sagte dann der junge Mann.

ER nahm das Tagebuch wieder vor und schlug ein Blatt zurück. Er las laut: „Heut’ verkaufte ich dem geizigen Buchhändler mein seltenes Exemplar des Chaucer, jene alte kostbare Ausgabe von Caxton. Mein Freund, der liebe, edle Andreas Vandelmeer, hatte sie mir zu meinem Geburtstage, den wir in der Jugend auf der

Universität feierten, geschenkt. Er hatte sie eigens aus London verschrieben, sehr teuer bezahlt und sie dann nach seinem eigensinnigen Geschmack herrlich und reich mit vielen gotischen Verzierungen einbinden lassen. Der alte Geizhals, so wenig er mir auch gegeben hat, hat sie gewiss sogleich nach London geschickt, um mehr als das Zehnfache wieder zu erhalten. Hätte ich nur wenigstens das Blatt herausgeschnitten, auf welchem ich die Geschichte dieser Schenkung erzähle und zugleich diese unsre Wohnung verzeichnet hatte. Das geht nun mit nach London oder in die Bibliothek eines reichen Mannes. Ich bin darüber verdrüsslich. Und dass ich dies liebe Exemplar so weggegeben und unter dem Preise verkauft habe, sollte mich fast auf den Gedanken bringen, dass ich wirklich verarmt sei oder Not litte; denn ohne Zweifel war doch dieses Buch das teuerste Eigentum, was ich jemals besessen habe, und welches Angedenken von, von meinem einzigen Freunde!

O Andreas Vandelmeer! Lebst du noch? Wo weilest du? Gedenkst du noch mein?“

„Ich sah deinen Schmerz“, sagte Klara, „als du das Buch verkauftest, aber diesen deinen Jugendfreund hast du mir noch niemals näher bezeichnet.“

„Ein Jüngling“, sagte Heinrich, „mir ähnlich, aber etwas älter und viel gesetzter. Wir kannten uns schon auf der Schule, und ich mag wohl sagen, dass er mich mit seiner Liebe verfolgte und sie mir leidenschaftlich aufdrang. Er war reich und bei seinem großen Reichtum und seiner verweichlichten Erziehung doch sehr wohlwollend und allem Egoismus fern. Er klagte, dass ich seine Leidenschaft nicht erwidere, dass meine Freundschaft zu kühl und ihm ungenügend sei. Wir studierten miteinander und bewohnten dieselben Zimmer. Er verlangte, ich solle Opfer von ihm begehren; denn er hatte an allem Überfluss, und mein Vater konnte mich nur mäßig unterhalten. Als wir in die Residenz zurückkehrten, fasste er den Plan, nach Ostindien zu gehen; denn er war ganz unabhängig. Nach jenen Ländern der Wunder zog ihn sein herz; dort wollte er lernen, schauen und seinen heißen Durst nach Kenntnissen und der Ferne sättigen. Nun ein unablässiges Zureden, Bitten und Flehen, dass ich dort mein Glück machen werde und müsse, wobei er mich unterstützen wolle; denn dort hatte er von seinen Vorfahren große Besitzungen ererbt. Aber meine Mutter starb, der ich noch in ihren letzten Tagen ihre Liebe etwas vergelten konnte, mein Vater war krank, und ich konnte die Leidenschaft meines Freundes nicht teilen; auch hatte ich alle jene Kenntnisse nicht gesammelt, die Sprachen nicht gelernt, was ihm alles aus Liebe zum Orient geläufig war. Es lebten selbst noch Verwandte von ihm, die er dort aufsuchen wollte. Durch Freunde und Beschützer ward mir, wie es immer mein Wunsch war, eine Stelle beim diplomatischen Korps. Mit dem Vermögen meiner Mutter war ich imstande, mich zu meinem Beruf geziemlich einzurichten, und ich verließ meinen Vater, für dessen Genesung nur wenig Hoffnung war. Mein Freund verlangte durchaus, dass ich einen Teil meines Kapitals ihm mitgeben solle, er wolle dort damit spekulieren und mir dann den Gewinn in Zukunft berechnen. Ich musste glauben, dass dies ein Vorwand sei, mir mit Anstand einmal ein ansehnliches Geschenk machen zu können. So kam ich mit meinem Gesandten in deine Vaterstadt, wo sich nachher mein Schicksal auf die Art, wie du es weißt, entwickelte."

„Und du hast niemals von diesem herrlichen Andreas wieder etwas erfahren?" fragte Klara.

„Zwei Briefe erhielt ich von ihm aus jenem fernen Weltteile", antwortete Heinrich; „nachher erfuhr ich von einem unverbürgten Gerücht, er sei daselbst an der Cholera gestorben. So war er mir entrückt, mein Vater war nicht mehr, ich war gänzlich, auch in Ansehung meines Vermögens, auf mich selbst angewiesen. Doch genoss ich die Gunst meines Gesandten, bei meinem Hofe war ich nicht unbeliebt, ich durfte auf mächtige Beschützer rechnen – und alles das ist verschwunden.“

„Jawohl“, sagte Klara, „du hat mir alles aufgeopfert, und ich bin ebenfalls von den Meinigen auf immer ausgestoßen.“

„Um so mehr muss uns die Liebe alles ersetzen“, sagte der Gatte, „und so ist es auch; denn unsre Flitterwochen, wie die prosaischen Menschen sie nennen, haben sich doch nun schon weit über ein Jahr hinaus erstreckt.“

„Aber dein schönes Buch“, sagte Klara, „deine herrliche Dichtung! Hätten wir nur wenigstens eine Abschrift davon behaltne können. Wie möchten wir uns daran ergötzen in diesen langen Winterabenden! – Ja freilich“, setzte sie seufzend hinzu, „müssten uns dann auch Lichter zu Gebote stehen.“

„Lass gut sein, Klärchen“, tröstete der Mann; „wir schwatzen, und das ist noch besser; ich höre den Ton deiner Stimme, du singst mir ein Lied, oder du schlägst gar ein himmlisches Gelächter auf. Diese Lachtöne habe ich noch niemals im Leben als nur von dir vernommen. Es ist ein so reiner Jubel, ein so überirdisches Jauchzen und dabei ein so feines und innig rührendes Gefühl in diesem Klange des Ergötzens und Übermutes, dass ich entzückt zuhöre und zugleich darüber denke und grüble. Denn, mein zarter Engel, es gibt Fälle und Stimmungen, wo man über einen Menschen, den man schon lange, lange kennt, erschrickt, sich zuweilen entsetzt, wenn er ein Lachen aufschlägt, das ihm recht von Herzen geht, und das wir bis dahin noch nicht von ihm vernommen haben. Selbst bei zarten Mädchen, und die mir bis dahin gefielen, ist mir dergleichen wohl begegnet. Wie in manchem Herzen unerkannt ein süßer Engel schlummert, de nur auf den Genius wartet, der ihn erwecken soll, so schläft oft in graziösen und liebenswerten Menschen doch im tiefen

Hintergrund ein ganz gemeiner Sinn, der dann aus seinen Träumen auffährt, wenn ihm einmal das Komische mit voller Kraft in des Gemütes verborgenstes Gemach dringt. Unser Instinkt fühlt dann, dass in diesem Wesen etwas liege, wovor wir uns hüten müssen. Oh, wie bedeutungsvoll, wie charakteristisch ist das Lachen des Menschen! das deinige, mein Herz, möchte ich einmal poetisch beschreiben können."

„Hüten wir uns aber", erinnerte sie, „nicht unbillig zu werden. Das allzu genaue Beobachten der Menschen kann leicht zur Menschenfeindschaft führen."

„Dass jener junge, leichtsinnige Buchhändler", fuhr Heinrich fort, „Bankrott gemacht hat und mit meinem herrlichen Manuskript in alle Welt gelaufen ist, dient gewiss auch zu unserm Glück. Wie leicht, dass der Umgang mit ihm, das gedruckte Buch, das Schwatzen darüber in der Stadt die Aufmerksamkeit der

Neugierigen auf uns hieher gelenkt hätte. Noch hat die Verfolgung deines Vaters und deiner Familie gewiss nicht nachgelassen; man hätte wohl meine Pässe von neuem und schärfer untersucht, man wäre auf den Argwohn geraten, dass mein Name nur ein falscher und angenommener sei, und so hätte man uns bei meiner Hülflosigkeit und da ich mir durch meine Flucht den Zorn meiner Regierung zugezogen habe, wohl gar getrennt, dich deinen Angehörigen zurückgesendet und mich in einen schwierigen Prozess verwickelt. So, mein Engel, sind wir ja in unsrer Verborgenhit glücklich und überglücklich."

Da es schon dunkel geworden und das Feuer im Ofen ausgebrannt war, so begaben sich die beiden glücklichen Menschen in die enge, kleine Kammer auf ihr gemeinschaftliches Lager. Hier fühlten sie nichts von dem zunehmenden, erstarrenden Frost, von dem Schneegestöber, das an ihre kleinen Fenster schlug. Heitre Träume umgaukelten sie, Glück, Wohlstand und Freude umgaben sie in einer schönen Natur, und als sie aus der anmutigen Täuschung erwachten, erfreute sie die Wirklichkeit noch inniger. Sie plauderten im Dunkeln noch fort und verzögerten es, aufzustehen und sich anzukleiden, weil der Frost sie draußen und Mühsal erwartete. Indessen schimmerte schon der Tag, und Klara eilte in das beschränkte Zimmer, um aus der Asche den Funken zu wecken und das kleine Feuer im Ofen anzuzünden. Heinrich half ihr, und sie lachten wie die Kinder, als ihr Werk immer noch nicht gelingen wollte. Endlich, nach vieler Anstrengung von hauchen und Blasen, so dass beide rote Gesichter bekommen hatten, entzündete sich der Span, und das wenige, fein geschnittene Holz wurde künstlich gelegt, um ohne Verschwendung den Ofen und das kleine Zimmer zu erwärmen. „Du siehst, lieber Mann“, sagte die Frau, „dass wir etwa nur auf morgen Vorrat haben: wie dann? – „

„Es muss sich ja etwas finden“, erwiderte Heinrich mit einem Blicke, als wenn sie etwas ganz Überflüssiges gesprochen hätte.

Es war ganz hell geworden, die Wassersuppe war ihnen das köstlichste Frühstück, von Kuss und Gespräch gewürzt, und Heinrich setzte der Gattin auseinander, wie falsch jenes lateinische Sprüchwort sei: „Sine Baccho et Cerere friget Venus." So vergingen ihnen die Stunden.

„Ich freue mich schon darauf", sagte Heinrich, „wenn ich in meinem Tagebuche an die Stelle kommen werde, wie ich dich, Geliebte, plötzlich entführen musste."

„O Himmel!" rief sie, „wie uns damals jener wunderbare Augenblick so seltsam und unerwartet überraschte! Schon seit einigen Tagen hatte ich an meinem Vater eine gewisse Verstimmung bemerkt; er sprach in einem andern Tone zu mir als gewöhnlich. Er hatte sich früher über deine häufigen Besuche gewundert; jetzt nannte er dich nicht, sprach aber von Bürgerlichen, die ihre Stellung so oft verkennen und sich den Besten unbedingt gleichstellen wollten. Da ich nicht antwortete, wurde er böse, und da ich endlich sprach, artete seine Laune in heftigen Zorn aus. Ich fühlte, wie er zank mit mir suchte, und nachher, wie er mich bewachte und von andern beobachten ließ. Nach acht Tagen, als ich eben einen Besuch machen wollte, rannte meine getreue Kammerfrau mir auf der Treppe nach, der Bediente war schon voraus, und unter dem Vorwande, mir am Kleide etwas zu ordnen, sagte sie mir heimlich, wie alles entdeckt sei; man habe meinen Schrank gewaltsam geöffnet und alle deine Briefe gefunden, ich werde nach wenigen Stunden zu einer Tante fern in eine traurige Landschaft hinein verschickt werden. Wie schnell war mein Entschluss gefasst! Ich stieg, um zu kaufen, an einem Galanterieladen ab, schickte Kutscher und Diener fort, um mich nach einer Stunde wieder abzuholen –"

„Und wie erstaunte, erschrak ich, war ich entzückt", rief der Gatte aus, „als du so plötzlich in mein Zimmer tratst. Ich kam von meinem Gesandten, ich war angekleidet; er hatte seltsame Reden geführt, in einem ganz andern Tone als gewöhnlich, halb bedrohend, warnend, aber immer noch freundlich. Ich hatte zum Glück verschiedene Pässe bei mir, und so bestiegen wir schnell ohne Vorkehrungen einen Mietwagen, dann auf dem Dorfe ein Fuhrwerk und kamen so über die Grenze, wurden getraut und glücklich."

„Aber", fuhr sie fort, „die tausend Verlegenheiten unterwegs, in schlechten Gasthöfen, der Mangel an Kleidern und Bedienung, die vielfachen Bequemlichkeiten, die wir gewohnt waren und die wir nun entbehren mussten – und der Schreck, als wir von ungefähr durch einen Reisenden erfuhren, wie man uns nachsetzte, wie öffentlich alles geworden sei, wie man so gar keine Rücksicht gegen uns beobachten wollte."

„Ja, ja, Liebchen", erwiderte Heinrich, „das war auf der ganzen Reise unser schlimmster Tag. Denkst du denn auch noch daran, wie wir, um nicht Argwohn zu erregen, mit jenem schwatzenden

Fremden lachen mussten, als er sich in der Schilderung des Entführers erging, der nach seiner Meinung das Muster eines elenden Diplomaten sei, da er gar keine klugen Anstalten und sichere Vorkehrungen getroffen habe; wie er nun deinen Geliebten wiederholend einen dummen Teufel, einen Einfaltspinsel nannte, wie du in Zorn ausbrechen wolltest und auf meinen Wink dich doch wieder zum Lachen zwangst, ja zum Überfluss nun selber zu schelten begannst, mich und dich als Leichtsinnige, Unverständige schildertest, und endlich, als sich der Schwätzer, dem wir aber eigentlich seiner Warnung halber dankbar sein mussten, entfernt hatte, du in ein lautes Weinen ausbrachst –"

„Ja", rief sie aus, „ja, Heinrich, das war ein ebenso lustiger als betrübter Tag. Unsre Ringe, so manches Wertvolle, das wir zufällig an uns trugen, half uns nun fort. Aber, dass wir deine Briefe nicht haben retten können, ist ein unersetzlicher Verlust. Und heiß überläuft mich die Angst, sooft es mir einfällt, dass andre Augen als die meinigen diese deine himmlischen Worte, alle diese glühenden töne der Liebe gelesen haben und an diesen Lauten, die meine Seligkeit waren, nur ein Ärgernis genommen."

„Und noch schlimmer", fuhr der Gatte fort, „dass meine Dummheit und Übereilung auch alle die Blätter zurückgelassen hat, die du mir in so mancherlei Stimmungen schicktest oder heimlich in die Hand drücktest. In allen Prozessen, nicht bloß denen der Liebe, ist immer das Schwarz auf Weiß, welches das Geheimnis entdeckt oder den Kasus verschlimmert. Und doch kann man es nicht lassen, mit Feder und Tinte diese Züge zu malen, welche die Seele bedeuten sollen. O meine Geliebte, es waren oft Worte in diesen Briefen, bei denen mein herz, von deiner Geisterhand, von diesem Lufthauch berührt, so gewaltig aus seiner Knospe ging, dass es mir, wie im zu raschen Auseinanderblühen aller Blätter, zu zerspringen schien."

Sie umarmten sich, und es entstand eine fast feierliche Pause. „Liebchen“, sagte Heinrich dann, „welche Bibliothek neben meinem Tagebuch, wenn deine und meine Briefe aus dieser Omarschen Verfolgung noch wären gerettet worden!“ Er nahm das Tagebuch und las, indem er nach rückwärts das Blatt umschlug.

„ *Treue!* – Diese wundersame Erscheinung, die der Mensch so oft am Hunde bewundern will wird in der Regel am eigenen Menschengeschlecht viel zu wenig beachtet. Es ist unglaublich und kommt doch täglich vor, welchen sonderbaren, oft ganz verwirrten Begriff sich so viele von den sogenannten Pflichten machen. Wenn ein Dienstbote das Unmögliche tut, so hat er nur seine Pflicht getan, und an dieser Pflicht künsteln die höhern Stände so herum und herab, dass sie diese Pflichten, soviel sie nur können, nach ihrer Bequemlichkeit beugen oder zu ihrem Egoismus erziehen. Wäre die unerbittliche Galeerenarbeit, der eiserne Zwang der Papier- und Aktenverhältnisse nicht, so würden wir vermutlich die seltsamsten

Erscheinungen beobachten können. Es ist unleugbar, dass diese Sklavenarbeit der endlosen Schreiberei in unserm Jahrhundert großenteils unnütz, nicht selten sogar schädlich ist. – Aber man denke nur einmal dieses große Rad der Hemmung in dieser egoistischen Zeit, bei dieser sinnlichen Generation plötzlich ausgehoben – was könnte da entstehen, was sich alles zerstörend verwirren?

Pflichtlos sein ist eigentlich der Zustand, zu welchem die sogenannten Gebildeten in allen Richtungen stürzen wollen; sie nennen es Unabhängigkeit, Selbständigkeit, Freiheit. Sie bedenken nicht, dass, sowie sie sich diesem Ziele nähern wollen, die Pflichten wachsen, die bis dahin der Staat oder die große, unsäglich komplizierte, ungeheure Maschine der geselligen Verfassung in ihrem Namen, wenn auch oft blindlings, übernahm. Alles schilt die Tyrannei, und jeder strebt, Tyrann zu werden. Der Reiche will keine Pflichten gegen den Armen, der Gutsbesitzer gegen den Untertan, der Fürst gegen das Volk haben, und jeder von ihnen zürnt, wenn jene Untergebenen die Pflichten gegen sie verletzen. Darum nennen auch die Niederen diese Forderung eine altertümliche, der Zeit nicht mehr anpassende und möchten nun mit Redekunst und Sophisterei alle jene Bande ableugnen und vernichten, durch welche die Staaten und die Ausbildung der Menschheit nur möglich sind.

Aber Treue, echte Treue – wie so ganz anders ist sie, wie ein viel Höheres als ein anerkannter Kontrakt, ein eingegangenes Verhältnis von Verpflichtungen. Und wie schön erscheint diese Treue in alten Dienern und ihrer Aufopferung, wenn sie in ungefälschter Liebe, wie in alten poetischen Zeiten, einzig und allein ihren Herren leben.

Ich kann es mir freilich als ein sehr großes Glück denken, wenn der Dienstmann nichts Höheres kennt, nichts Edleres denken mag, als seinen Gebieter. Ihm ist aller Zweifel, alle Grübelei, alles Schwanken und Hin- und Hersinnen auf ewig erloschen. Wie Tag und Nacht, Sommer und Winter, wie unabänderliches Naturwalten ist sein Verhältnis; in der Liebe zum Herrn liegt ihm jedes Verständnis.

Und gegen solche Diener hätte die Herrschaft keine Pflichten? Sie hat sie gegen alle ihre Diener, über den bedingten Lohn hinaus, aber gegen solche schuldet sie weit mehr und ganz etwas anderes und Höheres, nämlich eine wahre Liebe, eine echte, die dieser unbedingten Hingebung entgegenkommt.

Und womit wollen wir das je gutmachen, erwidern (denn vom Vergelten ist die Rede gar nicht), was unsre alte Christine an uns tut? Sie ist die Amme meiner Frau; wir trafen sie auf der ersten Station, und sie zwang uns beinah mit Gewalt, sie auf unsrer Reise mitzunehmen. Ihr durften wir alles sagen; denn sie ist die Verschwiegenheit selbst; sie fand sich auch gleich in die Rolle, die sie unterwegs und hier zu spielen hatte. Und wie ist sie uns, vorzüglich meiner Klara, ergeben! – Sie bewohnt unten ein ganz kleines, finsteres Kämmerchen und nährt sich eigentlich davon, dass sie in etlichen Nachbarhäusern noch gelegentliche Dienste tut. Wir begriffen es nicht, wie sie uns für so weniges unsere Wäsche unterhielt, immer wohlfeil einkaufte, bis wir endlich dahinterkamen, dass sie alles nur irgend Entbehrliche uns aufgeopfert hat. Jetzt arbeitet sie viel auswärts, um uns bedienen, um nur bei uns bleiben zu können.

So werde ich also nun doch meinen Chaucer, von Caxton gedruckt, verstoßen und das schimpfliche Gebot des knausernden Buchhändlers annehmen müssen. Das Wort „verstoßen" hat mich immer besonders gerührt, wenn geringere Frauen es brauchten, indem sie in der Not gute oder geliebte Kleider versetzen oder verkaufen mussten. Es klingt fast wie von Kindern. – Verstoßen! – Wie Lear Cordelien, so ich meinen Chaucer. – Hat aber Klara nicht ihr einziges gutes Kleid, noch jenes von der Flucht her, längst verkauft? Schon unterwegs! – Ja, Christine ist doch mehr wert als der Chaucer, und sie muss auch vom Ertrage etwas erhalten. Nur wird sie es nicht nehmen wollen.

Caliban, der den trunkenen Stefano, noch mehr aber dessen wohlschmeckenden Wein bewundert, kniet vor den Trunkenbold hin, sagt flehend und mit aufgehobenen Händen: „Bitte, sei mein Gott!“

Darüber lachen wir; und viele Beamte, viele Besternte und Vornehme lachen mit, die zum elenden Minister oder zum trunkenen Fürsten oder zur widerwärtigen Mätresse ebenso flehend sagen: „Bitte, sei mein Gott!“ – Ich weiß meine Verehrung, meinen Glauben, das Bedürfnis, etwas anzubeten, nirgend anzubringen: Mir fehlt ein Gott, an den ich glauben könnte, dem ich dienen, dem ich mein Herz widmen möchte, völlig; sei du es, denn – du hast guten Wein, und der wird hoffentlich vorhalten.

Wir lachen über den Caliban und seinen Sklavensinn, weil hier, wie beim Shakespeare immer, im Komischen verhüllt eine unendliche, eine schlagende Wahrheit ausgesprochen wird; weil wir diese, durch welche Tausende vor unsrer Phantasie in Calibans verwandelt worden, sogleich fühlen, darum lachen wir über diese bedeutsamen Worte.

„Bitte, sei mein Gott!" hat auch die alte Christine in ihrem stillen, ehrlichen Herzen, ohne es auszusprechen zu Klara gesagt; aber nicht wie Caliban oder jene Weltmenschen, um Wein und Würden zu erhalten – sondern, damit Klara ihr die Erlaubnis gebe, zu entbehren, zu hungern und zu dürsten und bis in die Nacht hinein für sie zu arbeiten.

Es braucht wohl für einen Leser, wie ich einer bin, nicht gesagt zu werden, dass hier einiger Unterschied stattfindet."

Eine Rührung hatte an diesem Tage die Lesung unterbrochen, eine Rührung, die um so gewaltiger wurde, als jetzt die alte, runzelvolle, halbkrank, von elenden Kleidern bedeckte Amme hereintrat, um zu melden, dass sie in dieser Nacht nicht im Kämmerchen unten schlafen, dass sie aber morgen früh dennoch den dürftigen Einkauf besorgen werde. Klara begleitete sie hinaus und sprach noch draußen mit ihr, und Heinrich schlug mit der Hand auf den Tisch und rief in Tränen: „Warum arbeite ich denn nicht auch als Tagelöhner? Ich bin ja bis jetzt noch gesund und kräftig. Aber nein, ich darf es nicht; denn dadurch erst würde sie sich elend fühlen; auch sie würde erwerben wollen, sich abquälen, allenthalben Hülfe suchen, und wir hätten uns beide für unglücklich erklärt. Auch würde man uns dann gewiss entdecken. Und leben wir doch, sind wir doch glücklich!"

Klara kam ganz heiter zurück, und das schlechte Mittagsmahl wurde von den Zufriedenen wieder als ein köstliches verzehrt. „Nun fühlen wir doch“, sagte Klara nach Tische, „gar keine Not, wenn unser Holzvorrat nicht völlig zu Ende wäre, und Christine weiß auch keinen Rat zu schaffen.“

„Liebe Frau“, sagte Heinrich ganz ernsthaft, „wir leben in einem zivilisierten Jahrhundert, in einem wohlregierten Lande, nicht unter Heiden und Menschenfressern; es muss ja doch Mittel und Wege geben. Befänden wir uns in einer Wildnis, so würde ich natürlich, wie Robinson Crusoe, einige Bäume fällen. Wer weiß, ob sich nicht Wald da findet, wo man ihn am wenigsten vermutet; kam doch auch zum Macbeth Birnams Wald hin, freilich um ihn zu verderben. Indessen sind ja auch zuweilen Inseln plötzlich aus dem Meere aufgetaucht; mitten unter Klüften und wilden Steinen wächst auch wohl ein Palmbaum, der Dornstrauch rauft Schafen und Lämmern die Wolle aus, wenn sie ihm zu nahe kommen, der Hänfling aber trägt diese Flocken zu Nest, um seinen zarten Jungen ein warmes Bett daraus zu machen.“

Klara schlief diesmal länger als gewöhnlich, und als sie erwachte, verwunderte sie sich darüber, dass es schon heller Tag war, und noch mehr, dass sie den Gemahl nicht an ihrer Seite fand. Wie aber erstaunte sie erst, als sie ein lautes kreischendes Geräusch vernahm, das so klang, wie wenn eine Säge hartes, widerspenstiges Holz zerschneidet. Schnell kleidete sie sich an, um dem sonderbaren Ereignis auf den Grund zu kommen. „Mein Heinrich", rief sie eintretend, „was machst du da?" – „Ich zersäge das Holz für unsern Ofen", versetzte er keuchend, indem er von der Arbeit aufsah und der Frau ein ganz rotes Gesicht entgegenhielt.

„Erst sage mir nur, wie in aller Welt du zu der Säge kommst, und gar zu dem ungeheuern Block dieses schönen Holzes?"

„Du weißt", sagte Heinrich, „wie vier, fünf Stufen zu einem kleinen Boden von hier führen, der leer steht. Nun, in einem Verschlage sah ich neulich, durch das Schlüsselloch guckend, eine Holzsäge und ein

Beil, die wohl dem alten Hauswirt oder wer weiß wem sonst gehören mögen. Man achtet auf den Gang der Weltgeschichte, und so merkte ich mir diese Utensilien. Heute morgen nun, als du noch so angenehm schliefst, ging ich in stockdichter Finsternis dort hinauf, sprengte die dünne, elende Tür, die kaum mit einem kleinen, jämmerlichen Riegel versperrt war, und holte mir diese beiden Mordinstrumente herunter. Nun aber, da ich die Gelegenheit unsers Hauses ganz genau kenne, hob ich dieses lange, dicke, gewichtige Geländer unserer Treppe, nicht ohne Mühe und Anstrengung und mit Hülfe des Beiles, aus seinen Fugen und brachte den langen und schweren Balken, der unsre ganze Stube ausfüllt, hieher. Sieh nur, geliebte Klara, welche soliden, trefflichen Menschen unsre Vorfahren waren. Betrachte diese eichene Masse vom allerschönsten und kernigsten Holze, so glatt poliert und gefirnisst. Das wird uns ein ganz andres Feuer geben als unser bisheriges elendes Kiefern- und Weidengeflecht.“

„Aber Heinrich“, rief Klara und schlug die Hände zusammen, „das Haus verderben!“

„Kein Mensch kommt zu uns“, sagte Heinrich, „wir kennen unsre Treppe und gehen selber nicht einmal auf und ab, also ist sie höchstens für unsre alte Christine da, die sich doch unendlich verwundern würde, wenn man zu ihr sagen wollte: „Sieh, altes Kind, es soll einer der schönsten Eichenstämme im ganzen Forst, mannsdick, gefällt werden, vom Zimmermann und nachher vom Tischler kunstreich bearbeitet, damit du, Alte die Stufen hinaufgehend, dich auf diesen herrlichen Eichenstamm stützen kannst.“ Sie müsste ja laut auflachen, die Christine. Nein, ein solches Treppengeländer ist wieder eine von des Lebens ganz unnützen Überflüssigkeiten; der Wald ist zu uns gekommen, da er gemerkt hat, dass wir ihn so höchst notwendig brauchten. Ich bin ein Zauberer; nur einige Hiebe mit diesem magischen Beil, und es ergab sich dieser herrliche Stamm in meine Macht. Das kommt alles von der Zivilisation; hätte man hier immer, wie in vielen alten Hütten, an einem Strick oder an einem Stück Eisen, wie in Palästen, sich hinaufhelfen müssen, so konnte diese meine Spekulation nicht eintreten, und ich hätte andre Hilfsmittel suchen und erfinden müssen."

Als Klara ihr Erstaunen überwunden hatte, musste sie laut und heftig lachen; dann sagte sie: „Da es aber einmal geschehen ist, so will ich dir wenigstens bei deiner Holzhauerarbeit helfen, so wie ich es ehemals oft auf den Straßen gesehen habe."

Man legte den Baum auf zwei Stühle, die an den Enden des Zimmers standen, weil es seine Länge so erforderte. Nun sägen beide, um den Zwischenraum zu vermindern, den Block in der Mitte durch. Es war mühsam, da beide des Handwerks nicht gewohnt waren und das harte Holz den Zähnen der Säge widerstand. Lachend und Schweiß vergießend konnten die beiden nur langsam in dem

Geschäft vorschreiten. Endlich brach der Balken unter den letzten Schnitten. Nun ruhte man und trocknete den Schweiß. „Das hat noch den Vorteil“, sagte Klara dann, „dass wir nun fürs erste nicht einzuheizen brauchen.“ Sie vergaßen, sich das Frühstück zu bereiten, und arbeiteten so den ganzen Vormittag, bis sie den Baum in so viele Teile zerlegt hatten, als nötig war, um diese spalten zu können.

„Welch ein Künstleratelier ist plötzlich aus unserm einsamen Zimmer geworden“, sagte Heinrich in einer Pause. „Jener ungeschlachte Baum, dort in der Finsternis liegend, von keinem Auge bemerkt, ist nun bereits in diese zierlichen Kubusklötze verwandelt, die jetzt nach einiger Überredung und Kunstgeschliffenheit vermöge dieses Beiles feuerfähig gemacht und in den Stand gebracht werden, die Flammen der Begeisterung zu ertragen.“

Er nahm das erste Viereck zur Hand, und die Arbeit, dieses in kleinere Klötze und schmale Stücke zu spalten, war natürlich noch mühsamer als das Zersägen. Klara ruhte indessen aus und sah dem Manne mit Verwunderung und Freude zu, der nach einiger Übung und vergeblichen Versuchen bald die Handgriffe fand und selbst in dieser niedrigen Beschäftigung seiner Gattin als ein schöner Mann erschien.

Es traf sich glücklich, dass bei diesen Arbeiten, von denen die Wände erdröhnten, der Herr des kleinen Hauses, der sonst das untere Zimmer bewohnte, abwesend war. So kam es, dass das verursachte Geräusch von niemand im Hause bemerkt werden konnte. Die Nachbarn hörten nicht sehr darauf, weil viele geräuschvolle Gewerbe sich in der Vorstadt, und namentlich in dieser Gasse, niedergelassen hatten.

Endlich war ein Vorrat des kleinen Holzes zustande gekommen, und man versuchte nun, den Ofen damit zu heizen. An diesem merkwürdigen Tage waren Mittagsmahl und Frühstück zusammengeflossen. Der Mittagstisch war heute viel anders als gestern und vorgestern.

„Du musst nicht wunderlich sein, lieber Mann“, sagte Klara, bevor sie ein kleines Tuch auflegte; „unsre Christine hat von ihrem großen Waschfest diese Nacht allerhand nach hause gebracht, und sie ist glücklich darin, es mit uns teilen zu können. Ich habe nicht den Mut gehabt, die Gabe zu verschmähen, und du wirst sie ebenfalls freundlich aufnehmen.“

Heinrich lächelte und sagte: „Die Alte ist ja schon seit lange unsere Wohltäterin, sie arbeitet in der Nacht, um uns zu helfen, sie bricht sich jetzt vom Munde ab, um uns zu speisen. Schwelgen wir also, um ihr Spaß zu machen, und stirbt sie, bevor wir uns in Tat dankbar erzeigen können, oder bleibt es uns für immer unmöglich, nun, so wollen wir mindestens in Liebe erkenntlich sein."

Das Mahl war in der Tat schwelgerisch. Die Alte hatte einige Eier eingeliefert, etwas Gemüse mit Fleisch und selbst in einem Kännchen Kaffee zugerichtet. Beim Essen erzählte Klara, wie eine solche Wäsche in der Nacht diesen Leuten ein wahres hohes Fest sei, bei welchem sie erzählten und witzig und lustig wären, so dass sich zu dieser Arbeit immer viele drängten und diese nächtlichen Stunden feierlich begingen. „Welch ein Glück", fuhr sie fort, „dass diesen Menschen sich so vieles in Genuss verwandelt, was uns wie harte sklavische Arbeit und Qual erscheint. So gleicht sich im Leben vieles glücklich aus, was ohne diese sanfte Einigung höchst widerwärtig, selbst schrecklich werden könnte. Und haben wir es nicht selbst erlebt, dass auch die Armut ihre Reize hat?"

„Jawohl“, fiel Heinrich ein, indem er sich am Genuss des Fleisches erquickte, das er schon seit lange hatte entbehren müssen; „wüssten die Schlemmer und stets Übersatten, welch ein Wohlgeschmack, welche sanfte Würze auch dem Bissen des trocknen Brotes innnewohnt, sie würden ihn vielleicht beneiden und auf künstliches Mittel sinnen, um ebenfalls dieses Genusses teilhaft zu werden. Aber wie gut und glücklich trifft es sich, dass uns nach unsrer harten Tagesarbeit ein solches sardanapalisches Mahl zuteil geworden ist; so ergänzen sich unsre Kräfte wieder zu neuen Anstrengungen. Aber lass uns einmal recht übermütig sein und singe mir einige jener süßen Lieder, die mich immer so bezaubert haben.“

Sie tat gern, was er verlangte, und indem sie so, Hand in Hand und Auge in Auge, in der Nähe des Fensters saßen, bemerkten sie, wie die Eisblumen an den Scheiben aufzutauen begannen, sei es nun, dass die strenge Kälte etwas nachließ oder dass die Wärme, welche das harte Eichenholz verbreitete, mehr Gewalt auf jene

Frostgewächse ausübte. „Sieh, meine Geliebte“, rief Heinrich aus, „wie das kalte, eisige Fenster in Rührung weint, vor deiner schönen Stimme zerschmelzend. Immer kehrt die alte Wundergeschichte vom Orpheus wieder.“

Es war ein heller Tag, und sie erblickten einmal den blauen Himmel wieder; zwar nur einen sehr kleinen Teil, aber sie freuten sich des durchsichtigen Kristalls, und wie ganz dünne, feine, schneeweiße Wölkchen zerfließend durch das azurblaue Meer segelten und gleichsam mit Geisterarmen um sich griffen, als wenn sie sich behaglich und erfreut dort fühlen könnten.

Die uralte Hütte oder das kleine haus war in dieser menschengedrängten Straße ein sehr sonderbares. Die Stube mit zwei Fenstern und die Kammer, die ein Fenster hatte, war der ganze Raum des Hauses. Unten wohnte sonst der alte, grämelnde Wirt, der aber, weil er Vermögen besaß, sich für den Winter nach einer andern Stadt gewendet und dort einem befreundeten Arzte in die Kur gegeben hatte, weil er am Podagra litt. Der Erbauer dieser Hütte musste von seltsamer, fast unbegreiflicher Laune gewesen sein; denn unter den Fenstern des zweiten Stocks, welchen die Freunde bewohnten, zog sich ein ziemlich breites Ziegeldach hervor, so dass es ihnen völlig unmöglich war, auf die Straße hinabzusehen. Waren sie auf diese Weise, auch wenn sie zur Sommerszeit die Fenster öffneten, völlig von allem Verkehr mit den Menschen abgeschnitten, so waren sie es auch durch das noch kleinere Haus, welches ihnen gegenüberstand. Dieses hatte nämlich nur Wohnungen zu ebner Erde; darum sahen sie dort niemals Fenster und Gestalten an diesen, sondern immer nur das ganz nahe, sich weit nach hinten streckende, schwarz geräucherte Dach und rechts und links die steilen, nackten Feuermauern von zwei höhern Häusern, die jene niedrige Hütte von beiden Seiten einfassten. In den ersten Tagen des Sommers, als sie hier eben erst eingezogen waren, rissen sie, wie es den Menschen natürlich ist, wenn sich in der ganz engen Gasse Geschrei oder Zank vernehmen ließ, schnell die Fenster auf und sahen dann nichts als ihr Ziegeldach vor sich und das der Hütte gegenüber. Sie lachten jedes Mal, und Heinrich sagte wohl: wenn das Wesen des Epigramms (nach einer alten Theorie) in getäuschter Erwartung bestehe, so hätten sie wieder ein Epigramm genossen.

Nicht leicht ist es Menschen möglich gewesen, in einer so völlig abgeschlossenen Einsamkeit zu leben, als es diesen beiden hier gelang, am getümmelvollen Saum einer stets bewegten Residenz. So abgeschieden von aller Welt waren sie, dass es eine Begebenheit schien, wenn ein Kater einmal behutsam über das fremde Dach spazierte und jenseit, den spitzen Kamm der Ziegel sich hinüberfühlend, eine Bodenluke und dort einen Gevatter oder eine Gevatterin aufsuchte. Wie im Sommer die Schwalben aus dem angeklebten Neste in die Lücke der Feuermauer flogen und zwitschernd wiederkehrten, wie sie mit ihrer jungen Brut plauderten, war den Zuschauenden an ihrem Fenster eine wichtige Geschichte. Sie erschraken fast über das höchst bedeutsame Ereignis, als ein Knabe, ein Schornsteinfeger, sich einmal aus seinem engen, viereckigen Zwinger mit seinem Besen gegenüber erhob und einige Töne von sich gab, die ein Lied bedeuten sollten.

Diese Einsamkeit war den Liebenden aber doch erwünscht; denn so konnten sie am Fenster stehen, sich umarmend und küssend, ohne Furcht, dass irgendein neugieriger Nachbar sie beobachten möchte. So phantasierten sie denn oft, dass jene trübseligen Feuermauern Felsen seien einer wunderbaren Klippengegend der Schweiz, und nun betrachteten sie schwärmend die Wirkungen der Abendsonne, deren roter Schimmer an den Rissen zitterte, welche sich in dem Kalk oder rohen Stein gebildet hatten. Mit Sehnsucht konnten sie an solche Abende zurückdenken und sich dann aller der

Gespräche erinnern, die sie geführt, der Gefühle die sie gehabt, aller Scherze, die sie gewechselt hatten.

So war nun jetzt vorerst eine Waffe gegen den harten Frost gefunden, wenn er noch dauern oder gar zunehmen sollte. Da es dem Gatten nicht an zeit fehlte, so erleichterte er sich sein Geschäft des Holzspaltens dadurch, dass er kleine Keile schnitt, die er in den Stamm trieb, und auf diese Weise den Kloben zwang, schneller und leichter nachzugeben.

Nach einigen Tagen fragte die Frau, indem sie seinem Keilschnitzen aufmerksam zusah: „Heinrich, wenn diese Holzmasse, die du hier aufgetürmt hast, nun auch verbraucht ist – wie dann?"

„Mein Herz", erwiderte er, „der gute Horaz (wenn ich nicht irre) sagt unter andern seiner weisen Lehren einmal sehr kurz und bündig: „Carpe diem!" Genieße den Tag, den du gerade vor dir hast, gibt dich ihm ganz hin, bemächtige dich seiner als eines, der niemals wiederkehrt; das kannst du aber gar nicht vollständig, wenn du auch nur an ein mögliches Morgen denkst; geschieht dies gar mit Sorgen und Zweifeln, so ist dir ja der gegenwärtige Tag, diese Stunde, der du dich erfreust, schon verloren, indem du sie durch ängstliche Fragen dir verkümmerst. Wir kommen nur zum Bewusstsein der Gegenwart, wir können nur leben und glücklich sein, wenn wir uns ganz in diese stürzen. Sieh! so viel liegt in den zwei Worten dieser lateinischen Sprache, die darum wohl mit Recht eine bündige und energische genannt wird, weil sie mit so kleinen Lauten, so vielerlei ausdrücken kann. Und kennst du nicht die Liederzeilen:

„Alle Sorgen
Nur auf morgen;
Sorgen sind für morgen gut."

„Richtig“, erwiderte sie, „haben wir uns doch seit einem Jahr diese Philosophie zu eigen gemacht und befinden uns wohl dabei.“

So gingen die Tage hin, und diese jungen Eheleute entbehrten nichts im Gefühle ihres Glücks, obgleich sie wie die Bettler lebten. An einem Morgen sagte der Gatte: „Ich hatte in dieser Nacht einen wunderlichen Traum.“

„Erzähle ihn mir, Liebchen“, rief Klara; „wir geben auf unsere Träume viel zu wenig, die doch einen so wichtigen Teil von unserm Leben ausmachen. Ich bin überzeugt, wenn viele Menschen diese Erlebnisse der Nacht mehr in ihr Tagesleben hineinzögen, so würde ihnen auch ihr sogenanntes wirkliche Leben weniger traumartig und schlafbefangen sein. Außerdem gehören aber deine Träume mir, denn sie sind Ergüsse deines Herzens und deiner Phantasie, und ich könnte eifersüchtig auf sie werden, wenn ich denke, dass mancher Traum dich von mir trennt, dass du, in ihm verstrickt, mich auf Stunden vergessen kannst oder dass du dich wohl gar, wenn auch nur in Phantasie, in ein andres Wesen verliebst. Ist dergleichen nicht schon eine wirkliche Untreue, wenn Gemüt und Einbildung auf dergleichen nur verfallen können?“

„Es kommt nur darauf an“, erwiderte Heinrich, „ob und inwiefern unsre Träume uns gehören. Wer kann sagen, wie weit sie die geheime Gestaltung unseres Innern enthüllen? Wir sind oft grausam, lügenhaft, feige im Traum, ja ausgemacht niederträchtig, wir morden ein unschuldiges Kind mit Freuden und sind doch überzeugt, dass alles dies unsrer wahren Natur fremd und widerwärtig sei. Die Träume sind auch sehr verschiedener Art. Wenn manche lichte an Offenbarung grenzen mögen, so erzeugen sich wohl andre aus Verstimmung des Magens oder andrer Organe. Denn diese wundersam komplizierte Mischung unsers Wesens von Materie und Geist, von Tier und Engel lässt in allen Funktionen so unendlich verschiedene Nuancen zu, dass über dergleichen sich am wenigsten etwas Allgemeines sagen lässt."

„Oh, das Allgemeine", rief sie aus, „die Maximen, die Grundregeln und wie das zeug alles heißt: Ich kann nicht aussprechen, wie alles der Art mir immer zuwider und unverständlich gewesen ist. In der Liebe wird uns jene Ahndung recht deutlich, die schon unsre Kindheit erleuchtet, dass das Individuelle, das einzige, das Wesen, das Rechte, das Poetische und Wahre sei. Der alles allgemein machende Philosoph kann für alles eine Regel finden, er kann alles seinem sogenannten System einfügen, er zweifelt niemals, und seine Unfähigkeit, irgend etwas wahrhaft zu erleben, das ist eben jene Sicherheit, auf welche er pocht, jene Zweifelsunfähigkeit, die ihn so stolz macht. Der rechte Gedanke muss auch ein erlebter sein, die wahre Idee sich lebendig aus vielen Gedanken entwickeln und, plötzlich ins Sein getreten, rückstrahlend wieder tausend halbgeborne Gedanken erleuchten und beseelen. – Aber ich erzähle dir da meine Träume, und doch solltest du mir lieber den deinigen vortragen, der besser und poetischer sein wird."

„Du beschämst mich in der Tat", sagte Heinrich errötend, „weil du diesmal mein Traumtalent viel zu hoch anschlägst. Überzeuge dich selbst.

Ich war noch bei meinem ehemaligen Gesandten dort in der großen Stadt und in der vornehmen Umgebung. Man sprach bei Tische von einer Auktion, die nächstens stattfinden werde. Sooft das Wort Auktion bei Tische nur genannt wurde, befiel mich eine unbeschreibliche Angst, und doch begriff ich nicht, warum. In meiner frühen Jugend war es meine Leidenschaft gewesen, bei Bücherauktionen zugegen zu sein, und wenn es mir auch fast immer unmöglich fiel, jene Werke, die ich liebte, zu erstehen, so hatte ich doch meine Freude daran, sie ausgeboten zu hören und mir die Möglichkeit zu denken, dass sie in meinen Besitz gelangen könnten.

Die Kataloge der Auktionen konnte ich wie meine Lieblingsdichter lesen, und diese Torheit und Schwärmerei war nur eine von den vielen, an welchen meine Jugend litt; denn ich war weit von dem entfernt, was man einen soliden, verständigen Jüngling nennt, und ich zweifelte in einsamen Stunden oft, ob aus mir je ein sogenannter vernünftiger und brauchbarer Mann werden würde.“

Klara lachte laut auf, umarmte ihn dann und küsste ihn heftig. „Nein“, rief sie, „bis jetzt ist davon, dem Himmel sei Dank, noch nichts eingetroffen. Ich denke dich auch so in der Zucht zu halten, dass du nie auf dergleichen Laster geraten sollst. Nun aber weiter in deinem Traum!“

„Ich hatte mich denn auch“, fuhr Heinrich fort, „nicht ohne Not vor dieser Auktion geängstigt, denn wie es im Traum zu gehen pflegt, war ich plötzlich in dem Saal der Versteigerung, und wie ich zu meinem Erschrecken sah, gehörte ich zu den Sachen, die öffentlich ausgeboten werden sollten."

Klara lachte wieder. „Oh, das ist hübsch", rief sie aus. „Das wäre ein ganz neues Mittel, unter die Leute zu kommen."

„Ich fand es gar nicht erfreulich", antwortete der Mann. „Es lagen und standen da allerhand alte Sachen und Möbeln umher, dazwischen saßen alte Weiber, Tagediebe, elende Schriftsteller, Libellisten, verdorbene Studenten und Komödianten: Alles dies sollte nun heut dem Meistbietenden zugeschlagen werden, und ich war mitten unter diesen verstäubten Altertümlichkeiten. Im Saale saßen manche von meinen Bekannten, und einige von diesen betrachteten die ausgestellten Sachen und Menschen mit Kennerblicken. Ich war unendlich beschämt. Endlich kam der Auktionator, und ich erschrak, als wenn ich zur Hinrichtung geführt würde.

Der ernsthafte Mann setzte sich, räusperte und begann sein Amt damit, dass er zuerst nach mir griff, um mich auszubieten. Er stellte mich vor sich hin und sagte: „Sehn meine Herrschaften hier einen noch ziemlich gut konservierten Diplomaten, etwas eingeschrumpft und abgerissen, von Würmern und Motten hier und da zernagt, aber doch noch brauchbar als Kaminschirm, um gegen zu große Flamme und Hitze zu schützen und abzukühlen, oder um ihn als Karyatide zu nutzen und ihm etwa eine Uhr auf den Kopf zu stellen. Auch kann man ihn vor das Fenster hängen, dass er die Witterung anzeigt. Es ist ihm selbst noch ein klein wenig Verstand geblieben, so dass er auf alltägliche Dinge, wenn die Frage nicht zu tief geht, ganz leidlich antworten und darüber sprechen kann. Wie hoch wollen Sie auf Ihn bieten?"

Keine Antwort im Saal. Der Auktionator rief: „Nun, meine Herren und Damen? Er kann ja in einem Gesandtschaftslokal noch Türsteher werden; er könnte ja als Kronleuchter in der Entree angehangen werden und die Kerzen mit Armen, Beinen und auf dem Kopfe tragen. Es ist ja ein lieber anstelliger Mensch. Wenn eine Herrschaft eine Hausorgel besitzen sollte, kann er auch die Balgen treten; seine Beine, wie Sie sehen, sind ja noch von leidlicher Beschaffenheit." – Aber immer keine Antwort. – Ich fühlte mich im Zustand der tiefsten Erniedrigung, und meine Beschämung war ohne Grenzen; denn manche meiner Bekannten sahen grinsend und schadenfroh nach mir, manche lachten, andre zuckten die Schultern wie in tief verachtendem Mitleid. Mein Bedienter kam jetzt zur Tür herein, und ich trat einen Schritt vor, um ihm einen Auftrag zu geben, aber der Auktionator stieß mich heftig mit den Worten zurück: „Still, altes Möbel! Kennt Er die Pflichten seines Standes so wenig? Hier ist seine Bestimmung, sich ruhig zu halten. Das wäre mir, wenn die Auktionsstücke selbständig werden wollten!" – Wieder auf eine neue Anfrage antwortete niemand. – „Der Lump ist nichts wert", hörte man aus einem Winkel; „wer wird auf den

Taugenichts etwas bieten?“ sagte ein andrer. Mir trat der Angstschweiß auf die Stirn, Ich winkte meinem Bedienten mit den Augen, dass er eine Kleinigkeit bieten möchte; denn, so dachte ich ganz vernünftig, hat mich der Mensch nur erst erstanden und ich bin aus dem verfluchten Saal, so werde ich mich draußen schon mit meinem Diener abfinden, da wir uns kennen; ich will ihm seine Auslagen wiedererstatten und ein Trinkgeld noch obendrein verabreichen. Der mochte aber kein Geld bei sich haben oder mein Winken nicht verstehen, vielleicht, dass ihm diese ganze Anstalt unbekannt und unbegreiflich war; genug, er rührte sich nicht von seinem Platze. Der Auktionator war verdrüsslich, er winkte seinem Gehülfen und sagte zu diesem: „Holt mir Nummer 2, 3 und 4 aus der Kammer.“ Der starke Mensch brachte drei zerlumpte Kerle, und der Ausrufer sprach: „Da man auf diesen Diplomaten gar nichts bieten will, so vereinigen wir ihn mit diesen drei Tagesschriftstellern, einem abgestandenen Redakteur eines Wochenblatts, einem, der

Korrespondenzartikel schrieb, und diesem Theaterkritiker – was wird nun für diese Bande zusammengenommen geboten?"

Ein alter Trödler reif, nachdem er eine Weile die Hand an die Stirn gelegt hatte: „Einen Groschen!" Der Auktionator fragte: „Einen Groschen also? Niemand mehr? Einen Groschen zum ersten" – er erhob den Hammer. Da rief ein kleiner schmutziger Judenjunge: „Einen Groschen sechs Pfennige." Der Auktionator wiederholte das Gebot zum ersten, zum zweitenmal, schon wollte das dritte Wort mit dem Hammer mich zusamt jenen Gesellen dem kleinen Israeliten zuschlagen, als sich die Tür öffnete und du, Klara, in voller Herrlichkeit mit einem großen Gefolge von vornehmen Damen hereintratest, indem du gebieterisch mit stolzer Miene und Stellung: Halt! Riefest. Alle erschraken und verwunderten sich, und mein Herz war in Freude bewegt. „Meinen eignen Mann verauktionieren?" sagtest du mit Unwillen; „wieviel ist bis jetzt geboten?" Der alte Ausrufer verbeugte sich sehr tief, setzte einen

Stuhl für dich hin und sagte hochrot vor Verlegenheit: „Bis jetzt haben wir einen und einen halben Groschen im Angebot auf Dero Herrn Gemahl.“

Du sagtest: „Ich biete aber nur allein auf meinen Mann und begehre, dass jene Personen wieder entfernt werden. Achtzehn Pfennige für den unvergleichlichen Mann! Unerhört! Ich setze gleich zum Anfang tausend Taler.“ – Ich war erfreut, aber auch erschrocken; denn ich begriff nicht, woher du die Summe nehmen wolltest. Indessen wurde ich von dieser Angst bald befreit, da eine andere hübsche Dame gleich zweitausend bot. Nun entstand unter den reichen und vornehmen Weibern ein Wettstreit und Eifer, mich zu besitzen. Die Gebote folgten immer schneller, bald war ich auf zehn- und nicht lange nachher auf zwanzigtausend gestiegen. Mit jedem Tausend erhob ich mich mehr, stand stolz und gerade und ging dann mit großen Schritten hinter dem Tische und meinem Auktionator auf und ab, der es nun nicht mehr wage, mich zur Ruhe zu verweisen. Verachtende Blicke schoss ich nun auf jene Bekannten, die vorher von Lump und Taugenichts gemurmelt hatten. Alle sahen jetzt mit Verehrung nach mir hin, besonders weil der enthusiastische Wettstreit der Damen zunahm, statt sich zu mäßigen. Eine alte, hässliche Frau schien es darauf angelegt zu haben, mich nicht zu lassen; ihre rote Nase wurde immer glühender, und sie war es, die mich nun schon bis hunderttausend Taler hinaufgetrieben hatte. Es herrschte eine Totenstille, eine feierliche Stimme ließ sich vernehmen: „So hoch ist in unserm Jahrhundert noch niemals ein Mann geschätzt worden! Ich sehe jetzt ein, dass er für mich zu kostbar ist." Als ich mich umsah, wurde ich gewahr, dass dieses Urteil von meinem Gesandten herrührte. Ich begrüßte ihn mit einer gnädigen Miene. Um es kurz zu machen, mein Wert erhob sich bis zu zweimal hunderttausend Talern und etlichen darüber, und für diesen Preis wurde ich endlich jener rotnasigen alten, hässlichen Dame zugeschlagen.

Als die Sache endlich entschieden war, erhob sich ein großer Tumult, weil jeder das ausbündige Stück in der Nähe betrachten wollte. Wie es kam, ist nicht zu sagen, aber die große Summe, für die ich erstanden war, wurde mir, gegen alle Gesetze der Auktion, eingehändigt.

Als ich nun aber fortgeschleppt werden sollte, da tratest du hervor und riefst: „Noch nicht! Da man meinen Gemahl so gegen alle christliche Sitte öffentlich verauktioniert und verkauft hat, so will ich mich auch demselben harten Schicksal unterwerfen. Ich stelle mich also hiemit freiwillig unter den Hammer des Herrn Auktionators." Der Alte beugte und krümmte sich, du begabst dich hinter den langen Tisch, und alle Menschen betrachteten deine Schönheit mit Bewunderung. Das Bieten fing an, und die jungen Herren trieben dich gleich hoch hinauf. Ich hielt mich anfangs zurück, teils vor Erstaunen, teils aus Neugier. Als die Summen schon in die Tausende hineingestiegen waren, ließ sich auch meine

Stimme vernehmen. Wir kamen immer höher hinauf, und mein Gesandter geriet so in Eifer, dass ich beinahe die Fassung verloren hätte; denn es erschien mir schändlich, dass dieser ältliche Mann mir auf diese Weise meine angetraute Gattin rauben wollte. Er bemerkte auch meinen Missmut; denn er sah mich immer scheel von der Seite und mit einem boshaften Lächeln an. Es drangen immer mehr reiche Kavaliere herein, und hätte ich nicht die ganze ungeheure Summe in meinen Taschen gehabt, so musste ich dich verloren geben. Es kitzelte mich nicht wenig, dass ich dir meine Liebe in größerem Maße zeigen konnte, als du mir bewiesen, denn bald nach deinem Angebot von tausend Talern hattest du mich schweigend dem Glück der Auktion und jener rotnasigen Dame überlassen, die jetzt verschwunden schien, denn ich sah sie nirgend mehr. Nun waren wir schon weit über hunderttausend Taler, du nicktest mir immer freundlich über den Tisch zu, und da ich mich im Besitz des mächtigen Kapitals befand, brachte ich durch

Hinauftreiben alle meine Nebenbuhler zur Verzweiflung. So setzte ich es hohnlachend und mit Übermut durch. Alle verstummten endlich in Verdruss, und du wurdest mir zugeschlagen. Ich triumphierte. Ich zahlte die Summe hin – aber – o weh! ich hatte im Taumel nicht beachtet, wieviel ich für mich selbst gewonnen hatte, und jetzt fehlten beim Auszahlen noch viele Tausende. Meine Verzweiflung diente den andern nur zum Spott. Du rangst die Hände. So wurden wir in ein dunkles Gefängnis geschleppt und mit schweren Ketten belastet. Wir erhielten zur Nahrung nur Wasser und Brot, und ich musste darüber lachen, dass das eine strafe vorstellen sollte, da wir schon ziemlich lange hier oben nichts mehr genossen hatten und diese Speisung für ein Festmahl hielten. So verwirrt sich im Traume alles durcheinander, frühere Zeit und gegenwärtige, Nähe und Ferne. Der Kerkermeister erzählte uns, dass die Richter uns zum Tode verdammt; denn wir hätten hinterlistig das königliche Ärar und die öffentlichen Einkünfte defraudiert, das Vertrauen des Publikums betrogen und den Kredit des Staates untergraben. Es sei ein furchtbarer Betrug, sich so teuer auszubieten und sich mit solchen großen Summen bezahlen zu lassen, die dadurch der Konkurrenz und dem allgemeinen Nutzen entzogen würden. Dem Patriotismus, wo jedes Individuum sich unbedingt dem Ganzen opfern müsse, laufe es geradezu entgegen, und unser Attentat sei also als offenbarer Hochverrat zu betrachten. Der alte Auktionator werde mit uns zugleich hingerichtet werden, denn er sei mit im Komplott und habe auch dazu beigetragen, die Summen der Bietenden so hoch hinaufzutreiben, weil er uns beide übermäßig und ganz der Wahrheit entgegen den Kauflustigen als Wunderwerke der Schöpfung herausgestrichen habe. Es sei nun alles entdeckt, dass wir, mit den auswärtigen Mächten und den Feinden des Landes verbunden, einen allgemeinen Staatbankerott hätten herbeiführen wollen, Denn es sei augenscheinlich, wenn auf den einzelnen, der obendrein keine Verdienste besitze, so ungeheure Summen verwendet werden sollten, so bleibe nichts für das Ministerium, die Schulen und Universitäten und selbst für Zucht- und Armenhäuser übrig. Gleich nachdem wir fortgegangen, hätten sich zehn Edelleute und funfzehn angesehene Fräulein verauktionieren lassen, und die Gelder seien ebenfalls dem Staatsschatz und den Einkünften entzogen worden. Aller moralische Wert ginge bei so bösen, verderblichen Beispielen unter, und die Schätzung der Tugend verschwinde, wenn Individuen so taxiert und übermäßig hoch geschätzt würden. Das alles kam mir ganz vernünftig vor, und ich bereute es jetzt, dass durch mein Verschulden diese Verwirrung habe entstehen können.

Als wir zur Hinrichtung hinausgeführt wurden – erwachte ich und fand mich in deinen Armen ..."

„Nachdenklich ist die Geschichte in der Tat", antwortete Klara; „sie ist, nur in ein etwas grelles Licht gestellt, die Geschichte vieler

Menschen, die sich alle so teuer wie möglich verkaufen. Diese wunderliche Auktion geht freilich durch die Einrichtung aller Staaten."

„Nachdenklich ist dieser dumme Traum auch mir", erwiderte Heinrich; „denn die Welt hat mich und ich habe die Welt in dem Grade verlassen, dass kein Mensch meinen Wert mit irgendeiner namhaften Summe würde taxieren wollen. Mein Kredit in dieser ganzen großen Stadt erstreckt sich nicht auf einen Groschen; ich bin ganz ausdrücklich das, was die Welt einen Lumpen nennt. Und doch liebst du mich, du kostbares, herrliches Wesen! Und wenn ich wieder bedenke, wie die teuerste und künstlichste Spinnmaschine nur grob und roh eingerichtet ist gegen das Wunder meines Blutumlaufes, der Nerven, des Gehirns, und wie dieser Schädel, der, wie die meisten glauben, seinen Unterhalt nicht wert ist, große, edle Gedanken fassen kann, vielleicht auf eine neue Erfindung stößt, so möchte ich darüber lachen, dass Millionen diese Organisation nicht aufwägen, die auch der Klügste und Stolzeste nicht hervorzubringen imstande ist. Wenn unsre Köpfe aneinanderrücken, die Schädel sich berühren und die Lippen sich aufeinanderpressen, um einen Kuss entstehen zu lassen, so ist es fast unbegreiflich, welche künstlich verflochtene Mechanik dazu gehört, welche Überwindung von Schwierigkeiten, und wie nun diese Verbindung von Gebein und Fleisch, von Häuten und Lymphen, von Blut und Feuchtigkeit sich gegenseitig in Tätigkeit setzt, um dem Spiel der Nerven, dem feinen Sinn und noch unbegreiflicheren Geiste diesen Genuss des Kusses zuzuführen. Wenn man der Anatomie des Auges folgen will, auf wie Seltsames, Wunderliches, Widriges stößt die Beobachtung, um aus diesem glänzenden Schleime und milchigen Gerinne die Göttlichkeit des Blicks herauszufinden."

„O, lass das", sagte sie, „das alles sind gottlose Reden."

„Gottlose?" fragte Heinrich verwundert.

„Ja, ich weiß sie nicht anders zu nennen. Mag es die Pflicht des Arztes sein, sich seiner Wissenschaft zulieb aus dieser Täuschung herauszureißen, die uns die Erscheinung und das verhüllte Innere bietet. Auch der Forscher wird aus der Täuschung der Schönheit nur in eine andre Täuschung geraten, die er vielleicht Wissen, Erkennen, Natur betitelt. Zerstört aber bloßer Vorwitz, freche Neugier oder höhnender Spott alle diese Netze und körperlichen Träume, in welchen Schönheit und Anmut gefangenliegen, so nenne ich das einen gottlosen Witz, wenn es überall einen solchen geben kann."

Heinrich war still und in sich gekehrt. „Du magst wohl recht haben", sagte er nach einer Pause. „Alles, was unser Leben schön machen soll, beruht auf einer Schonung, dass wir die liebliche Dämmerung, vermöge welcher alles Edle in sanfter Befriedigung schwebt, nicht zu grell erleuchten. Tod und Verwesung, Vernichtung und Vergehen sind nicht wahrer als das geistdurchdrungene, rätselhafte Leben. Zerquetsche die leuchtende, süßduftende Blume, und der Schleim in deiner Hand ist weder Blume noch Natur. Aus der göttlichen Schlafbetäubung, in welche Natur und Dasein uns einwiegen, aus diesem Poesieschlummer sollen wir nicht erwachen wollen, im Wahn, jenseit die Wahrheit zu finden."

„Fällt dir das schöne Wort nicht ein?" sagte sie:

„Und wie der Mensch nur sagen kann: „Hier bin ich"; Dass *Freunde* seiner *schonend* sich erfreun!"

„Sehr wahr!" rief Heinrich. „Selbst der vertraute Freund, der Liebende, muss den geliebten Freund *schonend* lieben, *schonend* das Geheimnis des Lebens mit ihm träumen, und in gegenseitiger inniger Liebe die Täuschung der Erscheinung nicht zerstören wollen. Es gibt aber so plumpe Gesellen, die unter dem Vorwande, der Wahrheit zu leben und einzig ihr zu huldigen, nur Freunde haben wollen, um etwas zu besitzen, was sie *nicht* zu schonen brauchen. Nicht bloß, dass diese Gesellen immerdar mit schlechtem Witz und Schraubereien in den sogenannten Freund hineinbohren: auch dessen Schwächen, Menschlichkeiten, Widersprüche sind der Gegenstand ihrer lauernden Beobachtung. Die Grundlage des menschlichen Daseins, die Bedingungen unsrer Existenz sind aber nun so feine und leise Schwingungen, dass grade diese von jenen hartfäustigen Kameraden in plumper Berührung nur Schwächen genannt werden. Es muss sich nun bald ergeben, dass alle Tugenden und Talente, wegen welcher man anfangs diesen Freund verehrte und aufsuchte, sich in Schwächen, Fehler und Torheiten verwandeln, und widersetzt sich endlich der edlere Geist und will die Misshandlung nicht länger erdulden, so ist er nach dem Ausspruch der Rohen eitel, eigensinnig, rechthaberisch; er ist einer, der zu kleinlich fühlt, um die Wahrheit ertragen zu können; und die Gemeinsamkeit wird endlich aufgelöst, die sich niemals hätte zusammenfinden sollen. Wenn es sich aber mit Natur, Menschen, Liebe und Freundschaft so verhält, wird es wohl auch mit jenen mystischen Gegenständen, dem Staate, der Religion und der Offenbarung nicht anders sein. Die Einsicht, dass einzelne Missbräuche da sind, die der Verbesserung bedürfen, gibt noch kein Recht, das Geheimnis des Staates selbst anzurühren. Will man die religiöse Ehrfurcht vor dieser mächtigen, übermenschlichen Zusammensetzung und Aufgabe, durch welche der Mensch in vielfach geordneter Gesellschaft nur zum echten Menschen werden kann, will man jene heilige Scheu vor Gesetz und Obrigkeit, vor König und Majestät, zu nahe an das Licht einer vorschnellen, oft nur anmaßlichen Vernunft ziehen, so zerstäubt die geheimnisvolle Offenbarung des Staates in ein Nichts, in Willkür. Ist es mit der Kirche, der Religion, der Offenbarung und diesen heiligen Geheimnissen anders beschaffen? Auch hier muss eine stille Dämmerung, ein zartes Gefühl der Schonung das Heiligtum umschweben. Weil es heilig und göttlicher Natur ist, ist auch nichts so wohlfeil, als mit frechem Witz der Verleugnung hineinzuleuchten, um dem Sinn des Unbegabten, der keine Glaubensfähigkeit besitzt, das fromme Gewebe als nüchternen Trug hinzustellen, oder den Schwachen in seinen besten Gefühlen irrezumachen. Es könnte unbegreiflich scheinen, wie allenthalben in unsern Tagen der Sinn für ein großes Ganze, für das Unteilbare, welches nur durch göttlichen Einfluss entstehen konnte, sich verloren hat. Immer wird, wie in Gedichten, Kunstwerken, Geschichte, Natur und Offenbarung, nur dies und jenes, nur das einzelne bewundert und gelobt; schärfer noch das einzelne getadelt, was im großen ganzen, wenn es ein Kunstwerk ist, doch nur so sein kann, wie es ist, wenn jenes Gelobte möglich sein soll. Sucht und Kraft zu vernichten ist aber gradezu der Gegensatz alles Talentes und wird endlich zur Unfähigkeit, irgend die Erscheinung in ihrer Fülle zu verstehen. Immer „Nein" sprechen, ist gar nicht sprechen."

So vergingen den Vereinsamten, Verarmten und doch Glücklichen Tage und Wochen. Die dürftigste Nahrung fristete ihr Leben, aber im Bewusstsein ihrer Liebe war keine Entbehrung, auch der drückendste Mangel nicht fähig, ihre Zufriedenheit zu stören. Um in diesem Zustande fortzuleben, war aber der sonderbare Leichtsinn dieser beiden Menschen notwendig, die alles über der Gegenwart und dem Augenblick vergessen konnten. Der Mann stand jetzt immer früher auf als Klara; dann hörte sie ich hämmern und sägen und fand die Stücke Holz vor dem Ofen zurechtgelegt, welche sie zum Einheizen brauchte. Sie verwunderte sich, dass dieses gespellte Holz seit einiger Zeit eine ganz andre Form, Farbe und andres Wesen hatte, als sie es bis dahin gewohnt war. Da sie indessen immer Vorrat fand, so unterließ sie jede Betrachtung, indem die Gespräche, Scherze und Erzählungen beim sogenannten Frühstück ihr viel wichtiger waren.

„Die Tage werden schon länger“, fing er an; „bald wird nun die Frühlingssonne auf das Dach da drüben scheinen.“

„Jawohl“, sagte sie, „und die Zeit wird nicht mehr fern sein, wo wir das Fenster wieder aufmachen, uns daran setzen und die frische Luft einatmen. Das war im vorigen Sommer gar so schön, als wir vom Park draußen sogar hier den Duft der Lindenblüte spürten.“

Sie holte zwei kleine Töpfchen herbei, die mit Erde gefüllt waren und in welchen sie Blumen aufzog. „Sieh!“ fuhr sie fort, „diese Hyazinthe und diese Tulpe kommen nun doch heraus, die wir schon verloren gaben. Wenn sie gedeihen, so will ich es als ein Orakel ansehen, dass sich auch unser Schicksal bald wiederum zum Bessern kehren wird.“

„Aber, Liebchen“, sagte er etwas empfindlich, „was geht uns denn ab? Haben wir nicht bis jetzt noch Überfluss an Feuer, Brot und Wasser? Das Wetter wird augenscheinlich milder, wir werden des

Holzes weniger bedürfen, nachher kommt die Sommerwärme. Zu verkaufen haben wir freilich nichts mehr, aber es wird, es muss sich irgendein Weg auftun, auf welchem ich etwas verdienen kann. Bedenke nur unser Glück, dass keines von uns krank geworden ist, auch die alte Christine nicht."

„Wer steht uns aber für die getreuste Dienerin?" antwortete Klara; „ich habe sie nun seit so lange nicht gesehen; du fertigst sie jetzt immer des Morgens schon früh ab, wenn ich noch schlafe; du nimmst dann von ihr das eingekaufte Brot sowie den Wasserkrug. Ich weiß, dass sie oft für andre Familien arbeitet; alt ist sie, ihre Nahrung nur eine dürftige, wenn also ihre Schwäche zunimmt, so kann sie leicht erkranken. Warum ist sie nicht schon längst einmal zu uns heraufgekommen?"

„Je nun“, sagte Heinrich nicht ohne einige Verlegenheit, welche Klara auch bemerkte und die ihr auffallen musste, „es wird sich wohl bald wieder eine Gelegenheit finden, warte nur noch einige Zeit.“

„Nein, Liebster!“ rief sie mit ihrer Lebhaftigkeit aus, „du willst mir etwas verbergen, es muss etwas vorgefallen sein. Du sollst mich nicht abhalten, ich will gleich selbst hinuntergehen, ob sie etwa in ihrem Kämmerchen ist, ob sie leidet, ob sie unzufrieden mit uns sein mag.“

„Du hast diese fatale Treppe schon seit so lange nicht betreten“, sagte Heinrich; „es ist finster draußen, du könntest fallen.“

„Nein“, rief sie, „du sollst mich nicht zurückhalten; die Treppe kenne ich; ich werde mich in der Finsternis schon zurechtfinden.“

„Da wir aber das Geländer verbraucht haben,“ sagte Heinrich, „welches mir damals als ein Überfluss erschien, so fürchte ich jetzt, da du dich nicht anhalten kannst, dass du stolpern und stürzen könntest."

„Die Stufen", erwiderte sie, „sind mir bekannt genug, sie sind bequem, und ich werde sie noch oft betreten."

„Diese Stufen", sagte er mit einiger Feierlichkeit, „wirst du niemals wieder betreten!"

„Mann!" rief sie aus und stellte sich gerade vor ihn hin, um ihm in die Augen zu sehen, „es ist nicht richtig hier im Hause; du magst reden, was du willst, ich laufe schnell hinab, um selber nach Christinen zu sehen."

So wandte sie sich um, die Tür zu öffnen, er aber stand eilig auf und umschlang sie, indem er ausrief: „Kind, willst du mitwillig den Hals brechen?"

Da es nicht mehr zu verschweigen war, öffnete er selber die Tür; sie traten auf den Vorplatz und, indem sie weitergingen und der

Gatte die Frau noch immer umfasst hielt, sah diese, dass keine Treppe mehr da war, die hinabführen sollte. Sie schlug verwundert in die Hände, bog sich hinüber und schaute hinab; dann kehrte sie um, und als sie wieder in der verschlossenen Stube waren, setzte sie sich nieder, um den Mann genau zu betrachten. Dieser hielt ihrem forschenden Auge ein so komisches Gesicht entgegen, dass sie in ein lautes Gelächter ausbrach. Hierauf ging sie nach dem Ofen, nahm eins der Hölzer in die Hände, betrachtete es genau von allen Seiten und sagte dann: „Ja, nun begreife ich freilich, warum die Heizstücke so ganz andre Statur hatten als die vorigen. Also die Treppe haben wir nun auch verbrannt!"

„Jawohl", antwortete Heinrich jetzt ruhig und gefasst; „da du es nun einmal weißt, wirst du es ganz vernünftig finden. Ich begreife auch nicht, warum ich es dir bisher verschwiegen habe. Sei man auch noch so sehr alle Vorurteile los, so bleibt irgendwo doch noch ein Stückchen hangen und eine falsche Scham, die im Grunde kindisch ist! Denn erstlich warst du das Wesen in der Welt, das mir am vertrautesten ist; zweitens das einzige, denn mein Sechzehntel-Umgang mit der alten Christine ist nicht zu rechnen; drittens war de Winter immer noch hart und kein andres Holz aufzutreiben; viertens war die Schonung fast lächerlich, da das allerbeste, härteste, ausgetrocknete, brauchbarste dicht vor unsern Füßen lag; fünftens brauchten wir die Treppe gar nicht und sechstens ist sie schon, bis auf wenige Reliquien, ganz verbrannt. Du glaubst aber nicht, wie schlecht sich diese alten, ausgebogenen, widerspenstigen Stufen sägen und zersplittern ließen. Sie haben mich so warm gemacht, dass mir die Stube oft nachher zu heiß dünkte."

„Aber Christine?" fragte sie.

„Oh, die ist ganz gesund", antwortete der Mann. „Alle Morgen lasse ich ihr einen Strick hinunter, woran sie dann ihr Körbchen bindet; das zieh ich herauf und nachher den Wasserkrug, und so geht unsre Haushaltung ganz ordentlich und friedlich. – Als unser schönes Treppengeländer sich zum Ende neigte und immer noch keine warme Luft eintreten wollte, sann ich nach, und es fiel mir ein, dass unsre Treppe recht gut die Hälfte ihrer Stufen hergeben könnte; denn es war doch nur ein Luxus, ein Überfluss, so gut wie die dicke Lehne, dass der Stufen bloß der Bequemlichkeit wegen so viele waren. Schritt man höher aus, wie man in manchen Häusern muss, so konnte der Treppenmaschinist mit der Hälfte ausreichen. Mit Christinens Hülfe, die mit ihrem philosophischen Geiste sogleich die Richtigkeit meiner Behauptung einsah, brach ich nun die unterste Stufe los, dann, indem sie mir nachschritt, die dritte, fünfte und so fort. Unser Grabstichel nahm sich, als wir diese Filigranarbeit geendigt hatten, recht gut aus. Ich sägte, zerschnitt und du heiztest in deiner Arglosigkeit mit den Stufen ebenso geschickt und wirksam, als du es vordem mit dem Geländer getan hattest. Aber unserer durchbrochenen Arbeit drohte von der unermüdlichen Winterkälte ein neuer Angriff. Was war diese ehemalige Treppe überhaupt noch als eine Art von Kohlenbergwerk, eine Grube, die ihre Steinkohlen jetzt lieber ganz und auf einmal zu Tage fördern konnte? Ich stieg demnach in den Schacht hinab und rief die alte, verständige Christine. Ohne nur zu fragen, teilte sie gleich meine Ansicht; sie stand unten, ich brach mit großer Anstrengung, da sie mir nicht helfen konnte, die zweite Stufe los, Als ich diese der vierten anvertraut hatte, reichte ich der guten Alten den Abgrund hinunter die Hand zum ewigen Abschied; denn diese ehemalige Treppe sollte uns nun niemals wieder verknüpfen oder zueinander führen. So zerstörte ich sie denn nicht ohne Mühsal am Ende völlig, immer die geretteten Tritte oder Stufen nach den übrigen noch vorhandenen obern Stufen hinaufführend. Jetzt hast du das vollendete Werk angestaunt, mein herziges Kind, und siehst nun wohl ein, dass wir uns zur Zeit noch mehr als sonst selbst genügen müssen. Denn wie möchte es doch eine Kaffeegesellschaft anfangen, mit ihren Nachrichten hier zu dir hinaufzudringen? Nein, ich bin dir, du bist mir genug; der Frühling kommt, du stellst deine Tulpe und Hyazinthe an das Fenster und wir sitzen hier,

> Wo uns die Gärten der Semiramis
> Auf zu den Wolken steigenden Terrassen,
> In bunter Sommerpracht entgegenlachen
> Mit dem Geplätscher ihrer spielenden Brunnen!
> Den langen Sommer durch soll dort auf uns
> Ein paradiesisch Liebesleben taun!
> Dort auf der höchsten der Terrassen will ich,
> Von dunkel glühnden Rosen überlaubt,
> An deiner Seite sitzen, uns zu Füßen
> Die heißbesonnten Dächer Babylons. –

Ich glaube, unser Freund Üchtritz hat das ganz eigen auf unsern Zustand hier gedichtet. Denn, sieh nur, dort sind die heißbesonnten

Dächer, wenn nämlich erst die Sonne im Julius wieder scheinen wird, wie wir doch hoffen dürfen. Ist nun erst deine Tulpe und Hyazinthe in Blüte geraten, so haben wir hier wirklich und anschaulich die fabelhaften hängenden Gärten der Semiramis, und noch viel wunderbarer als jene; denn wer nicht Flügel hat, kann gar nicht hieher zu ihnen gelangen, wenn wir ihm nicht hülfreiche Hand bieten und etwa eine Strickleiter präparieren.“

„Wir leben eigentlich“, erwiderte sie, „ein Märchen, leben so wunderlich, wie es nur in der Tausendundeinen Nacht geschildert werden kann. Aber wie soll das in der Zukunft werden; denn diese sogenannte Zukunft rückt doch irgend einmal in unsre Gegenwart hinein.“

„Sieh, herzlichstes Herz“, sagte der Mann, „wie du nun wieder von uns beiden die Prosaische bist. Um Michaelis reisete unser alter grämlicher Hauswirt nach jener entfernten Stadt, um bei seinem

Doktorfreunde Hülfe oder Erleichterung für sein Podagra zu suchen. Wir waren damals so unermesslich reich, dass wir ihm nicht nur die vierteljährliche Miete, sondern sogar die Vorausbezahlung bis Ostern geben konnten, was er mit schmunzelndem Danke annahm. Von ihm haben wir also bis nach Ostern wenigstens nichts zu besorgen. Der eigentliche strenge Winter ist bereits vorüber, Holz werden wir nicht mehr viel brauchen, und im äußersten Fall sind uns immer noch die vier Stufen zum Boden hinauf übrig, und unsre Zukunft schläft dort noch sicher in mancher alten Tür, den Brettern des Fußbodens, den Bodenluken und manchen Utensilien. Darum getrost, meine Liebe, und lass uns recht heiter des Glückes genießen, dass wir hier von aller Welt so völlig abgetrennt sind, von keinem Menschen abhängig und keines Menschen bedürftig. So ganz eine Lage wie der weise Mann sie sich immer gewünscht hat, und wie nur wenige und Seltene glücklich genug sind, sich aneignen zu können.“ – – –

Aber es kam dennoch anders, als er vorausgesetzt hatte. Als sie am nämlichen Tage kaum ihre dürftige Mahlzeit beschlossen hatten, fuhr ein Wagen vor das kleine Haus. Man hörte das Rasseln der Räder, das Anhalten des Fuhrwerks, das Aussteigen von Personen. Das seltsam vorgebaute Dach hinderte freilich die beiden Eheleute zu erfahren, wer oder was die Ankommenden sein möchten. Es wurde abgepackt, so viel konnten sie vernehmen, und den Gatten beschlich jetzt die bängliche Vermutung, dass es denn doch wohl der grämliche Hausherr sein könne, der früher, als man berechnet, den Anfall des Podagra möchte überstanden haben.

Es war deutlich zu hören, er Angekommene richtete sich unten ein, und so konnte kein Zweifel bleiben, wer ersei. Koffer wurden abgepackt und in das Haus geschafft, verschieden stimmen redeten durcheinander, man begrüßte sich mit den Nachbarn. Es war ausgemacht, Heinrich würde noch heut' einen Kampf zu bestehen zu haben. Er horchte misstrauisch hinunter und bleib an der nur angelehnten Tür stehen. Klara sah ihn mit einem fragenden Blick an; er aber schüttelte lächelnd mit dem Kopfe und blieb stumm. Unten wurde alles ganz still; der Alte hatte sich in sein Zimmer zurückgezogen.

Heinrich setzte sich zu Klara hin und sagte mit etwas unterdrückter Stimme: „Es ist in der Tat verdrüsslich, dass nur sehr wenige Menschen so viel Phantasie wie der große Don Quixote besitzen. Als man diesem sein Bücherzimmer vermauert hatte und ihm erklärte, ein Zauberer habe ihm nicht nur seine Bibliothek, sondern auch die ganze Stube zugleich hinweggeführt, so begriff er sogleich, ohne nur zu zweifeln, die ganze Sache. Er war nicht so prosaisch, sich zu erkundigen, wo denn ein so ganz abstraktes Ding, wie der Raum, hingekommen sei. Was ist Raum? Ein Unbedingtes, ein Nichts, eine Form der Anschauung. Was ist eine Treppe? Ein Bedingtes, aber nichts weniger als ein selbständiges Wesen, eine Vermittelung, eine Veranlassung, von unten nach oben zu gelangen, und wie relativ sind selbst diese Begriffe von oben und unten. Der Alte wird es sich nimmermehr ausreden lassen, dass dort, wo jetzt nur eine Lücke ist, ehemals eine Treppe gestanden habe; er ist gewiss zu empirisch und rationalistisch, um einzusehen, dass der wahre Mensch und die tiefere Intuition der gewöhnlichen Übergänge jener armseligen, prosaischen Approximation einer so gemeinen Stufenleiter der begriffe nicht bedarf. Wie soll ich ihm das alles von meinem höhern Standpunkte auf seinem niedern da unten deutlich machen? Er will sich auf die alte Erfahrung des Geländers stützen und zugleich gemächlich eine Staffel nach der andern zur Höhe des Verständnisses abschreiten, und er wird unsrer unmittelbaren Anschauung niemals folgen können, die wir unter uns alle diese trivialen Erfahrungs- oder Ergehungssätze abgebrochen und dem reinsten Erkennen nach alter Parsenlehre durch die reinigende und erwärmende Flamme geopfert haben."

„Ja, ja“, sagte Klara lächelnd, „phantasiere und witzle nur; das ist der wahre Humor der Ängstlichkeit.“

„Niemals“, fuhr er fort, „will das Ideal unsrer Anschauung mit der trüben Wirklichkeit ganz aufgehen. Die gemeine Ansicht, das Irdische will immerdar das Geistige unterjochen und beherrschen.“

„Still!“ sagte Klara, „unten rührt es sich wieder.“

Heinrich stellte sich wieder an seine Tür und öffnete sie ein wenig. „Ich muss doch einmal meine lieben Mietsleute besuchen“, sagte man unten ganz deutlich; „ich hoffe, die Frau ist noch ebenso hübsch, und die beiden Leutchen sind noch so gesund und heiter wie sonst.“ – „Jetzt wird er“, sagte Heinrich leise, „an das Problem geraten.“

Eine Pause. Der Alte tappte unten in der Dämmerung umher. „Was ist denn das?“ hörte man ihn sagen; „wie bin ich denn in meinem eignen Hause so fremd geworden? Hier nicht – da nicht – was ist denn das? – Ulrich! Ulrich, hilf mir doch einmal zurecht.“

Der alte Diener, der in seiner kleinen Wirtschaft alles in allem war, kam aus der Kammer herbei. „Hilf mir doch einmal die Treppe hinauf“, sagte der Hauswirt, „ich bin ja wie verhext und verblindet, ich kann die großen, breiten Stufen nicht finden. Was ist denn das?“

„Nun, kommen Sie nur, Herr Emmerich“, sagte der mürrische Hausknecht, „Sie sind noch vom fahren etwas duselig.“

„Der da“, bemerkte Heinrich oben, „gerät auf eine Hypothese, die ihm nicht standhalten wird.“

„Schwerenot!“ schrei Ulrich, „ich habe mir hier den Kopf zerstoßen; ich bin ja auch wie verdummt; es ist fast, als wenn uns das Haus nicht leiden wollten.“

„Er will es sich“, sagte Heinrich, „durch das Wunderbare erklären; so tief liegt in uns der Hang zum Aberglauben.“

„Ich fasse rechts, ich fasse links“, sagte der Hausbesitzer, „ich greife nach oben – ich glaube beinah, der Teufel hat die ganze Treppe geholt.“

„Fast“, sagte Heinrich, „die Wiederholung aus dem Don Quixote; sein Untersuchungsgeist wird sich aber damit nicht zufrieden geben; es ist im Grunde auch falsche Hypothese, und der sogenannte Teufel wird oft nur eingeschoben, weil wir eine Sache nicht begreifen, oder, was wir begreifen, uns in Zorn versetzt.“

Man hörte unten nur murmeln, leise fluchen, und der verständige Ulrich war still fortgegangen, um ein brennendes Licht zu holen. Dieses hielt er jetzt mit starker Faust empor und leuchtete in den leeren Raum hinein. Emmerich blickte verwundernd hinauf, stand eine Weile mit aufgesperrtem Munde, starr vor Schrecken und erstaunen, und schrie dann mit den lautesten Tönen, deren seine

Lunge fähig war: „Donnerwetter noch einmal! Das ist mir ja eine verfluchte Bescherung! Herr Brand! Herr Brand da oben!“

Jetzt half kein Verleugnen mehr, Heinrich ging hinaus, beugte sich über den Abgrund und sah beim ungewissen Schein des flackernden Lichtes, die beiden dämonischen Gestalten in der Dämmerung des Hausflurs. „Ach! Wertgeschätzter Herr Emmerich“, rief er freundlich hinab, „sein Sie uns willkommen; es ist ein schönes Zeichen Ihres Wohlseins, dass Sie früher ankommen, als Sie es sich vorgesetzt hatten. Es freut mich, Sie so gesund zu sehen.“

„Gehorsamer Diener!“ antwortete jener, „aber davon ist hier die Rede nicht. Herr! wo ist meine Treppe geblieben?“

„Ihre Treppe, verehrter Her?“ erwiderte Heinrich; „was gehen mich denn Ihre Sachen an. Haben Sie sie mir bei Ihrer Abreise aufzuheben gegeben?“

„Stellen Sie sich nicht so dumm“, schrie jener, „wo ist die Treppe hier geblieben? Meine große, schöne, solide Treppe?“

„War hier eine Treppe?“ fragte Heinrich; „ja, mein Freund, ich komme so wenig oder vielmehr gar nicht aus, dass ich von allem, was nicht in meinem Zimmer vorgeht, gar keine Notiz nehme. Ich studiere und arbeite und kümmre mich um alles andre gar nicht.“

„Wir sprechen uns, Herr Brand“, rief jener, „die Bosheit erstickt mir die Zunge und Rede; aber wir sprechen uns noch ganz anders! Sie sind der einzige Hausbewohner; vor Gericht werden Sie mir schon melden müssen, was dieser Handel zu bedeuten hat.“

„Sein Sie nicht so böse“, sagte Heinrich jetzt; „wenn Ihnen an der Geschichtserzählung etwas liegt, so kann ich Ihnen auch schon jetzt damit dienen; denn allerdings erinnre ich mich jetzt, dass vormals hier eine Treppe war, auch bin ich nun eigenständig, dass ich sie verbraucht habe.“

„Verbraucht?“ schrie der Alte und stampfte mit den Füßen; „meine Treppe? Sie reißen mir mein Haus ein?“

„Bewahre“, sagte Heinrich, „Sie übertreiben in der Leidenschaft; Ihr Zimmer unten ist unbeschädigt, so steht das unsre hier oben blank und unberührt, nur diese arme Leiter für Emporkömmlinge, diese Unterstützungsanstalt für schwache Beine, dieses Hülfsmittel und diese Eselsbrücke für langweilige Besuche und schlechte Menschen, diese Verbindung für lästige Eindringlinge, diese ist durch meine Anstalt und Bemühung, ja schwere Anstrengung allerdings verschwunden.“

„Aber diese Treppe“, schrie Emmerich hinauf, „mit ihrer kostbaren, unverwüstlichen Lehne, mit diesem eichenen Geländer, diese zweiundzwanzig breiten, starken, eichenen Stufen waren ja ein integrierender Teil meines Hauses. Habe ich noch, so alt ich bin, von einem Mietsmann gehört, der die Treppen im Hause verbraucht, als wenn es Hobelspäne oder Fidibus wären?“

„Ich wollte, Sie setzten sich“, sagte Heinrich, „und hörten mich ruhig an. Diese Ihre zweiundzwanzig Stufen lief oft ein heilloser Mensch herauf, der mir ein kostbares Manuskript abschwatzte, es drucken wollte, sich dann für bankrott erklärte und auf und davon ging. Ein andrer Buchhändler stieg unermüdet diese Ihre eichenen Stufen hinauf und stützte sich dabei immer auf jenes starke Geländer, um sich den Gang bequemer zu machen; er ging und kam und kam und ging, bis er, meine Verlegenheit grausam benutzend, mir die erste kostbare Edition meines Chaucer abdrang, die er für mehr als einen Spottpreis, für einen wahren Schandpreis in seinen Armen davontrug. Oh, mein Herr, wenn man solche bittere Erfahrung macht, so kann man wahrlich eine Treppe nicht lieb gewinnen, die es solchen Gesellen so übermäßig erleichtert, in die obern Etagen zu dringen.“

„Das sind ja verfluchte Gesinnungen“, schrie Emmerich.

„Bleiben Sie gelassen“, sprach Heinrich etwas lauter hinunter. „Sie wollten ja den Zusammenhang der Sache erfahren. Ich war betrogen und hintergangen; so groß unser Europa ist, Asien und Amerika nicht einmal zu rechnen, so erhielt ich doch von nirgend her Rimessen, es war, als wenn alle Kredite sich erschöpft hätten und alle Banken leer geworden wären. Der überharte, unbarmherzige Winter forderte Holz zum Einheizen; ich hatte aber kein Geld, um es auf dem gewöhnlichen Wege einzukaufen. So verfiel ich denn auf diese Anleihe, die man nicht einmal eine gezwungene nennen kann. Dabei glaubte ich nicht, dass Sie, geehrter Herr, vor den warmen Sommertagen wiederkommen würden.“

„Unsinn!“ sagte jener, „glaubten Sie denn, Armseliger, dass meine Treppe bei der Wärme wie der Spargel von selbst wieder herauswachsen würde?“

„Ich kenne die Natur eines Treppengewächses zu wenig, wie ich auch von Tropenpflanzen nur geringe Kenntnisse habe, um das behaupten zu mögen“, antwortete Heinrich. „Ich brauchte indes das Holz höchst nötig, und da ich gar nicht ausging, meine Frau ebenso wenig, auch kein Mensch zu mir kam, weil bei mir nichts mehr zu gewinnen war, so gehörte diese Treppe durchaus zu den Überflüssigkeiten des Lebens, zum leeren Luxus, zu den unnützen Erfindungen. Ist es, wie so viele Weltweise behaupten, edel, seine Bedürfnisse einzuschränken, sich selbst zu genügen, so hat dieser für mich völlig unnütze Anbau mich vor dem Erfrieren gerettet. Haben Sie niemals gelesen, wie Diogenes seinen hölzernen Becher wegwarf, als er gesehen, wie ein Bauer Wasser mit der hohlen Hand schöpfte und so trank?“

„Sie führen aberwitzige Reden, Mann“, erwiderte Emmerich; „ich sah einen Kerl, der hielt die Schnauze gleich an das Rohr und trank so Wasser; somit hätte sich Ihr Mosje Diogenes auch noch die Hand abhauen können. – Aber, Ulrich, lauf mal gleich zur Polizei; das Ding muss einen andern Haken kriegen.“

„Übereilen Sie sich nicht“, rief Heinrich, „Sie müssen einsehen, dass ich Ihr Haus durch diese Hinwegnahme wesentlich verbessert habe.“

Emmerich, der schon nach der Haustür ging, kehrte wieder um. „Verbessert?“ schrie er in höchster Bosheit, „nun, *das* wäre mir denn doch etwas ganz Neues!“

„Die Sache ist jedoch ganz einfach“, erwidere ihm Heinrich, „und jeder kann sie einsehen. Nicht wahr, Ihr Haus steht nicht in der Feuerkasse? Nun hatte ich zeither böse Träume von Brandunglück, auch fielen Häuserbrände hier in der Nachbarschaft vor; ich hatte eine ganz bestimmte Ahndung, ja, ich möchte es ein Vorauswissen nennen, dass unser Haus hier dasselbe Unglück betreffen würde. Gibt es nun wohl (das frage ich jeden Bauverständigen) etwas

Ungeschickteres als eine hölzerne Treppe? Die Polizei sollte dergleichen gefährliches Bauwerk geradezu verbieten. Sooft ein Feuer auskommt, so ist in allen Städten, wo dieser Missbrauch noch stattfindet, immer die hölzerne Treppe das allergrößte Unheil. Sie leitet das Feuer nicht nur in alle Stockwerke, sondern macht auch oft die Rettung der Menschen unmöglich. Da ich nun gewiss wusste, dass binnen kurzem hier oder in der Nachbarschaft Feuer auskommen würde, so habe ich mit vieler Mühe und saurem Schweiß diese elende, verderbliche Treppe mit eignen Händen weggebrochen, um das Unglück und den Schaden so viel als möglich zu mildern. Und darum hatte ich sogar auf Ihren Dank gerechnet."

„So?" rief Emmerich hinauf; „wäre ich länger ausgeblieben, so hätte mir der saubre Herr wohl aus eben den spitzigen Gründen mein ganzes Haus verbraucht. Verbraucht! Als wenn man Häuser so verbrauchen dürfte! Aber wart! Patron! – Ist die Polizei da?" fragte er den wiederkehrenden Ulrich.

„Wir legen", rief Heinrich hinab, „eine große steinerne Treppe, und Ihr Palais, geehrter Mann, gewinnt dadurch ebenso sehr wie die Stadt und der Staat."

„Mit der Windbeutelei soll es bald zu Ende sein", antwortete Emmerich und wendete sich sogleich an den Führer, der mit verschiedenen Gehülfen der Polizei herbeigekommen war.

„Mein Herr Inspektor", sagte er, sich zu diesem wendend, „haben Sie je von dergleichen Attentat gehört? Mir aus meinem Hause die große Treppe wegzubrechen und sie als Klafterholz im Ofen während meiner Abwesenheit zu verbrennen!"

„Das wird in die Stadtchronik kommen", erwiderte der Anführer trotzig, „und der saubere Patron, der Treppenräuber, in das Zuchthaus oder auf die Festung. Das ist schlimmer als Einbruch! Den Schaden muss er außerdem noch ersetzen. Kommen Sie nur herunter, Herr Missetäter!"

„Niemals“, sagte Heinrich; „wohl hat der Engländer ein Recht, sein Haus ein Kastell zu nennen, und meines hier ist ganz unzugänglich und unüberwindlich; denn ich habe die Zugbrücke aufgezogen.“

„Dem lässt sich abhelfen!“ rief der Anführer. „Leute, schafft mal eine große Feuerleiter herbei; so steigt ihr dann hinauf und schleppt, wenn er sich wehren sollte, den Verbrecher mit Stricken gebunden herunter, um ihn seiner Strafe zu überliefern.“

Jetzt hatte sich das haus unten schon mit Leuten aus der Nachbarschaft gefüllt; Männer, Weiber und Kinder hatte der Tumult herbeigelockt, und viele Neugierige standen auf der Gasse, um zu erforschen, was hier vorgehe, und zu sehen, was aus dem Handel sich ergeben werde. Klara hatte sich an das Fenster gesetzt und war verlegen, doch hatte sie ihre Fassung behalten, da sie sah, dass ihr Gatte so heiter blieb und sich die Sache nur wenig anfechten ließ. Doch begriff sie nicht, wie es endigen werde. Heinrich aber kam jetzt einen Augeblick zu ihr herein, um sie zu trösten und etwas aus der Stube zu holen. Er sagte: „Klara, schau, wir sind jetzt ebenso eingeschlossen wie unser Götz in seinem Jaxthausen; der widerwärtige Trompeter hat mich auch schon aufgefordert, mich auf Gnade und Ungnade zu ergeben, und ich werde ihm jetzt Antwort sagen, aber bescheidentlich, nicht wie mein großes Vorbild von damals.“ Klara lächelte ihm freundlich zu und sagte nur die wenigen Worte: „Dein Schicksal ist das meinige; ich glaube aber doch, dass, wenn mein Vater mich jetzt sähe, er mir verzeihen würde.“

Heinrich ging wieder hinaus, und als er sah, dass man wirklich eine Leiter herbeischleppen wollte, sagte er mit feierlichem Ton; „Meine Herren, bedenken Sie, was Sie tun, ich bin seit Wochen schon auf alles, auf das Äußerste gefasst, ich werde mich nicht gefangengeben, sondern mich bis auf den letzten Blutstropfen verteidigen. Hier bringe ich zwei Doppelflinten, beide scharf geladen, und noch mehr, diese alte Kanone, ein gefährliches Feldstück voller Kartätschen und gehacktem Blei, zerstoßenem Glas und derlei Ingredienzen. Pulver, Kugeln, Kartätschen, Blei, alles Nötige ist im Zimmer aufgehäuft; während ich schieße ladet meine tapfere Frau, die als Jägerin wohl damit umzugehen weiß, die Stücke aufs neue, und so rücken Sie denn an, wenn Sie Blut vergießen wollen."

„Das ist ja ein Erzsakermenter", sagte der Polizeianführer, „ein solcher resoluter Verbrecher ist mir seit lange nicht vor die Augen gekommen. Wie mag er nur aussehen; denn man kann in diesem dunkeln Neste keinen Stich sehen."

Heinrich hatte zwei Stäbe und einen alten Stiefel auf den Boden niedergelegt, die ihm für Kanone und Doppelflinten gelten mussten. Der Polizeimann winkte, dass sich die Leiter wieder entfernen solle. „Hier ist wohl der beste Rat, Herr Emmerich", setzte er dann hinzu,

„dass wir den ungeratenen Abällino aushungern; so muss er sich uns ergeben.“

„Weit gefehlt!“ rief Heinrich mit heiterer Stimme hinab! „auf Monate sind wir mit getrocknetem Obst, Pflaumen, Birnen, Äpfeln und Schiffszwieback ersehen; der Winter ist ziemlich vorüber, und sollte es uns an Holz gebrechen, so ist oben noch die Bodenkammer; da finden sich alte Türen, überflüssige Dielen, selbst vom Dachstuhle kann gewiss manches als entbehrlich losgebrochen werden.“

„Hören Sie den Heidenkerl!“ rief Emmerich; „erst reißt er mir unten mein Haus ein, nun will er sich auch noch oben an das Dach machen.“

„Es ist über die Beispiele“, sagte der Polizeiwächter. Viele von den Neugierigen freuten sich über Heinrichs Entschlossenheit, weil sie dem geizigen Hausbesitzer dieses Ärgernis gönnten. „Sollen wir das Militär kommen lassen, auch mit geladenen Flinten?“

„Nein, Herr Inspektor, um Himmels willen nicht; darüber würde mir am Ende mein Häuschen in Grund und Boden geschossen, und ich hätte das leere Nachsehen, wenn wir den Rebellen auch endlich bezwungen hätten.“

„Richtig“, sagte Heinrich, „und haben Sie nebenher vergessen, was seit vielen Jahren in allen Zeitungen steht? Der erste Kanonenschuss, er falle, wo er wolle, wird ganz Europa in Aufruhr setzen. Wollen Sie nun, Herr Polizeimann, die ungeheure Verantwortung auf sich nehmen, dass aus dieser Hütte, der engsten und finstersten Gasse der kleinen Vorstadt, die ungeheure europäische Revolution sich herauswickeln soll? Was würde die Nachwelt von Ihnen denken? Wie könnten Sie diesen Leichtsinn vor Gott und Ihrem König verantworten? Und doch sehen Sie hier schon die geladene Kanone liegen, welche die Umwandlung des ganzen Jahrhunderts herbeiführen kann."

„Er ist ein Demagog und Carbonari", sagte der Polizeianführer, „das hört man nun wohl an seinen Reden. Er steckt in den verbotenen Gesellschaften und rechnet in seiner Frechheit auf auswärtige Hülfe. Möglich, dass unter diesem lärmenden gaffenden Haufen schon viele seiner Gesellen verkleidet lauern, die nur auf unsern Angriff warten, um uns dann mit ihrem Mordgewehr in den Rücken zu fallen."

Als diese Müßiggänger erlauschten, dass die Polizei sich vor ihnen fürchte, erhoben sie in ihrer Schadenfreude ein lautes Geschrei, die Verwirrung vermehrte sich, und Heinrich rief seiner Gattin zu; „Bleibe heiter, wir gewinnen Zeit und können gewiss kapitulieren, wenn nicht vielleicht gar ein *Sickingen* kommt, uns zu erlösen."

„Der König, der König!“ hörte man jetzt von der Straße her das laute Geschrei. Alles sprang zurück und durcheinander; denn eine glänzende Equipage suchte sich in der engen Gasse Bahn zu machen. Livreebedienten in betressten Kleidern standen hinten auf, ein glänzender, geschickter Kutscher lenkte die Rosse, und aus dem Wagen stieg ein prächtig gekleideter Herr mit Orden und Stern.

„Wohnt hier nicht ein Herr Brand?“ fragte der vornehme Mann; „und was hat dieser Auflauf zu bedeuten?“

„Sie wollen da drin, Ew. Durchlaucht“, sagte ein kleiner Krämer, „eine neue Revolution anfangen, und die Polizei ist dahintergekommen; es wird auch gleich ein Regiment von der Garde einrücken, weil sich die Rebellen nicht ergeben wollen.“

„Es ist halt eine Sekte, Exzellenz“, rief ein Obsthöker, „sie wollen als gottlos und überflüssig alle Treppe abschaffen.“

„Nein, nein!“ schrie eine Frau dazwischen, „er soll vom heiligen Sänkt Simon abstammen, der Empörer; alles Holz, sagt er, und alles Eigentum soll gemeinschaftlich sein, und die Feuerleiter haben sie schon geholt, um ihn gefangenzunehmen.“

Es war dem Fremden schwer, in die Tür des Hauses zu gelangen, obgleich ihm alles Platz machen wollte. Der alte Emmerich trat ihm entgegen und berichtete auf Nachfrage mit vieler Höflichkeit die Lage der Dinge, und wie man noch nicht einig sei, auf welche Weise man des großen Verbrechers habhaft werden könne. Der Fremde schritt jetzt tiefer in den dunkeln Hausflur hinein und rief mit lauter Stimme: „Wohnt denn hier wirklich ein Herr Brand?“

„Jawohl“, sagte Heinrich; „wer ist da unten Neues, der nach mir fragt?“

„Die Leiter her!“ sagte der Fremde, „dass ich hinaufsteigen kann.“

„Das werde ich jedem unmöglich machen“, rief Heinrich; „es hat kein Fremder hier oben bei mir etwas zu suchen und keiner soll mich molestieren.“

„Wenn ich aber den Chaucer wiederbringe?“ reif der Fremde, „die Ausgabe von Caxton, mit dem beschriebenen Blatt des Herrn Brand?“

„Himmel!“ rief dieser, „ich mache Platz, der gute Engel, der Fremde, mag heraufkommen. – Klara!“ rief er seiner Frau fröhlich, aber mit einer Träne entgegen, „unser Sickingen ist wirklich angelangt!“

Der Fremde sprach mit dem Wirt und beruhigte ihn, völlig, die Polizei ward entlassen und belohnt, am schwersten aber war es, das aufgeregte Volk zu entfernen; doch als endlich auch dies gelungen war, schleppte Ulrich die große Leiter herbei, und der vornehme Unbekannte stieg allein zur Wohnung des Freundes hinauf.

Lächelnd sah sich der Fremde im kleinen Zimmer um, begrüßte höflich die Frau und stürzte dann dem seltsam bewegten Heinrich in die Arme. Dieser konnte nur das eine Wort: „Mein Andreas!" hervorbringen. Klara sah nun ein, dass dieser rettende Engel jener Jugendfreund, der vielbesprochene Vandelmeer sei.

Sie erholten sich von der Freude, von der Überraschung. Das Geschick Heinrichs rührte Andreas tief; dann musste er über die seltsame Verlegenheit und die Aushülfe lachen, dann bewunderte er wieder die Schönheit Klaras, und beide Freunde konnten es nicht müde werden, die Erinnerung jugendlicher Szenen wieder zu beleben und in diesen Gefühlen und Rührungen zu schwelgen.

„Aber nun lass uns auch vernünftig sprechen", sagte Andreas. „Dein Kapital, welches du mir damals bei meiner Abreise anvertrautes, hat in Indien so gewuchert, dass du dich jetzt einen reichen Mann nennen kannst; du kannst also jetzt unabhängig leben, wie und wo du willst. In der Freude, dich bald wiederzusehen, stieg ich in London ans Land, weil ich dort einige Geldgeschäfte zu berichtigen hatte. Ich verfüge mich wieder zu meinem Bücherantiquar, um für deine Liebhaberei an Altertümern ein artiges Geschenk auszusuchen. Sieh da, sagte ich zu mir selber, da hat jemand den Chaucer in demselben eigensinnigen Geschmack binden lassen, wie ich die Art damals für dich ersann. Ich nehme das Buch in die Hand und erschrecke, denn es ist das deinige. Nun wusste ich schon genug und zu viel von dir; denn nur Not hatte dich bewegen können, es wegzugeben, wenn es dir nicht gestohlen war. Zugleich fand ich, und zu unser beider Glück, ein Blatt von deiner Hand vorn beschrieben, in welchem du dich unglücklich und elend nanntest, mit dem Namen Brand unterzeichnetest und Stadt, Gasse und Wohnung anzeigtest. Wie hätte ich, bei deinem veränderten Namen, bei deiner Verdunklung, dich jemals auffinden können, wenn dieses liebe, teure Buch dich mir nicht verraten hätte. So empfange es denn zurück zum zweiten Male und halte es in Ehren, denn dies Buch ist wunderbarerweise die Treppe, die uns wieder zueinander geführt hat. – Ich kürze in London meinen Aufenthalt ab, ich eile hieher – und erfahre vom Gesandten, der seit acht Wochen schon von seinem Monarchen hiehergeschickt ist, dass du seine Tochter entführt hast."

„Mein Vater hier?" rief Klara erblassend.

„Ja, meine gnädige Frau", fuhr Vandelmeer fort, „aber erschrecken Sie nicht; noch weiß er es nicht, dass Sie sich in dieser Stadt befinden. – Der alte Mann bereut jetzt seine Härte, er klagt sich selber an und ist untröstlich, dass er jede Spur von seiner Tochter verloren hat. Längst hat er verziehen, und mit Rührung erzählte er mir, dass du völlig verschollen seist, dass er trotz aller eifrigen Nachforschung nirgend eine Spur von dir habe entdecken können. – Es ist nur begreiflich, Freund, wenn man sieht, wie du, fast wie ein thebaischer Einsiedler oder wie jener Simeon Stylites, zurückgezogen gelebt hast, dass keine Nachricht, keine Zeitung zu dir gedrungen ist, um dir zu sagen, dass dein Schwiegervater dir ganz nahe lebe, und wie froh bin ich, dass ich hinzusetzen kann, dir versöhnt. Ich komme eben von ihm her, aber ohne ihm gesagt zu haben, dass ich die fast gewisse Hoffnung hegte, dich heut' noch zu sehn. Er wünscht, wenn du dich mit er Tochter wiederfindest, dass du auf seinen Gütern lebst, da du gewiss selbst nicht in deine frühere Karriere zurücktreten möchtest."

Alles war Freude. Den beiden Eheleuten war die Aussicht, wieder anständig und in behaglicher Wohlhabenheit zu leben, wie dem Kinde die Weihnachtsbescherung. Gern ließen sie die notgedrungene Philosophie der Armut fahren, deren Trost und Bitterkeit sie bis auf den letzten Tropfen ausgekostet hatten.

Vandelmeer führte sie in der Kutsche erst nach seiner Wohnung, wo man sogleich für anständige Kleider sorgte, um sich in diesen dem versöhnten Vater vorzustellen. Dass die alte getreue Christine nicht vergessen wurde, bedarf wohl keiner Erinnerung. Sie war in ihrer Art ebenso glücklich wie ihre Herrschaft.

Nun sah man in der kleinen Gasse Maurer, Zimmerleute und Tischler tätig. Lachend führte der alte Emmerich die Aufsicht über diese Wiederherstellung und den Bau seiner neuen Treppe, die, ungeachtet der Anmahnungen Heinrichs, doch wieder eine hölzerne war. Sein Verlust war ihm so reichlich und großmütig vergütet worden, dass der alte Geldsammler sich oft fröhlich die Hände rieb und gern wieder einen abenteuerlichen Mietsmann ähnlicher Gesinnung in seine Wohnung genommen hätte. – – –

Nach drei Jahren empfing der alte Zusammengekrümmte mit vielen verlegnen Scharrfüßen und übertriebenen Verbeugungen eine vornehme Herrschaft, die in einer reichen Equipage ankam, und die er selber die neue Treppe in das kleine Quartier hinaufführte, das jetzt ein armer Buchbinder bewohnte. Klaras Vater war gestorben, sie war mit ihrem Gatten von den fernen Gütern hereingekommen, um den Verscheidenden noch einmal zu sehen und seinen Segen zu empfangen. Arm in Arm standen sie jetzt am kleinen Fenster, sahen wieder nach dem roten und braunen dache hinüber und beobachteten wieder jene traurigen Feuermauern, in denen der Sonnenschein wie damals spielte. Diese Szene ihres vormaligen Elends und zugleich unendlichen Glücks rührte sie innigst. – Der Buchbinder war eben beschäftigt, die zweite Auflage jenes Werkes, was dem Verarmten gewissenlos war geraubt worden, für eine Lesebibliothek einzubinden. „Das ist ein sehr beliebtes Buch“, äußerte er bei seiner Arbeit, „und wird noch mehr Editionen erleben.“

„Unser Freund Vandelmeer erwartet uns“, sagte Heinrich, und bestieg, nachdem er den Handwerker beschenkt hatte, mit der Gattin den Wagen. Beide sannen nach über den Inhalt des menschlichen Lebens, dessen Bedürfnis, Überfluss und Geheimnis.